Juillet 2000

La vie... un jardin

MARIE-STELLA GAMACHE

Les Éditions de l'Hêtre

© Marie-Stella Gamache
© Les Éditions de l'Hêtre
ISBN: 2-9804993-0-7
Dépôt légal – Bibliothèque nationale du Québec, 1996
Dépôt légal – Bibliothèque nationale du Canada, 1996

Illustration page couverture : Estelle Rodier

Conception et mise en pages: *La Plume d'Oie*
                                 ÉDITION - CONCEPT

153A, des Pionniers Ouest
Cap-Saint-Ignace
(Québec) G0R 1H0
Tél. et télécop.: 418•246•3643

À mes fils bien-aimés:

Jean-François et Jean-Sébastien,

en qui je mets toute ma confiance.

Remerciements

Mes remerciements vont à Agathe, Annie, Estelle, Ginette, Huguette, Marianne, Nicole, Sylvie et Yvan qui ont accepté d'expérimenter mes cours et qui m'ont réservé un accueil des plus chaleureux. Un merci spécial à Yvan qui a gracieusement et généreusement mis son local à la disposition du groupe. Sans le savoir, ces personnes m'ont motivée et encouragée à écrire ce livre.

À tous, un merci sincère.

Table des matières

Chapitre V

Semer sur son propre terrain 137

Avant-propos

TOUT au long de ma vie, j'ai cultivé plusieurs jardins. Ceux-ci étaient, pour la plupart, propriétés d'autrui : parents, amis et même étrangers.

Il va sans dire que, pendant tout ce temps passé chez les voisins, mon jardin était laissé en friche. Souvenez-vous du dicton : *On ne peut servir deux maîtres.* Croyez-moi, je n'ai recueilli à moyen et à long terme aucune véritable satisfaction personnelle. Comment aurait-il pu en être autrement ? J'y ai récolté par contre beaucoup d'irritations, de déceptions et de frustrations dont je me nourrissais alors et lesquelles, mal digérées et non éliminées, ont empoisonné jusqu'à un certain point mon existence.

Au cours de mes lectures, j'ai fait la connaissance d'auteurs qui ont été pour moi des maîtres, des enseignants. Ils m'ont initiée à l'art de faire mon propre jardin. Avec eux, j'ai appris à étudier d'abord le terrain, à le défricher, à faire l'inventaire des outils, à identifier les besoins, à semer, cultiver et moissonner.

Dans le champ de ces auteurs créateurs et écrivains, j'ai glané un bon nombre d'idées qui m'ont servi d'antidote et que vous retrouverez dans ce livre. Leurs noms seront cités tout au long de cet ouvrage et dans la bibliographie publiée à la fin. Je remercie tous ces philosophes, psychologues, maîtres spirituels et toutes les autres personnes compétentes dans leur domaine respectif d'avoir bien voulu partager leur savoir et me nourrir de leurs connaissances.

D'autres idées me sont venues sous forme d'inspiration par jets, par flux. De manière impromptue, elles se sont inscrites sur mon écran mental, alors que je sirotais un café aux petites heures du matin ou que je me détendais dans un bain mousseux et bien chaud. Je les ai accueillies d'abord avec surprise et étonnement, puis avec enthousiasme et émerveillement. Je les ai acceptées avec beaucoup d'humilité et de reconnaissance, tel un cadeau envoyé par le ciel m'invitant à poursuivre le travail commencé.

Mon apport a été de rassembler, de synthétiser toutes ces idées reçues et de vous offrir, sous forme d'allégorie, le fruit de cette moisson.

Puisse ce livre, *La vie… un jardin*, nourrir en vous le désir de faire votre propre jardin et vous aider dans votre démarche. À vous tous, je souhaite une récolte abondante !

Marie-Stella Gamache

*Un jardin en héritage !*_____

> « Le grand défaut des hommes, c'est
> d'abandonner leurs propres champs
> pour aller ôter l'ivraie de ceux des
> autres. »
>
> MONG-TSEU

> « Un riche laboureur sentant sa mort prochaine,
> Fit venir ses enfants, leur parla sans témoins.
> Gardez-vous, leur dit-il, de vendre l'héritage
> Que nous ont laissé nos parents.
> Un trésor est caché dedans... »

C'est ainsi que débute cette fable, *Le laboureur et ses enfants,* empruntée à l'œuvre d'Ésope par M. Jean de La Fontaine.

Nous avons tous hérité d'un jardin, le saviez-vous ? Eh oui, notre naissance a fait de chacun et de chacune de nous l'unique propriétaire de cet héritage. Heureux, heureuses légataires sommes-nous, car le jardin de la vie renferme en son sein, la promesse d'une abondante récolte.

Ce jardin nous appartient. Nous en sommes bel et bien le ou la bénéficiaire. Nous avons l'opportunité d'en faire ce que bon nous semble. Nous pouvons à loisir lever le nez sur cet héritage, le dédaigner, préférer jouir de bonheurs éphémères, tout comme la cigale, ou fuir à toutes jambes ce lot de peines et de misères. Nous sommes libres. Comme l'enfant prodigue, nous avons parfaitement le droit de partir à la ville pour y chanter, danser, nous amuser et gaspiller notre part d'héritage. Nous avons la possibilité de remettre les travaux à plus tard et d'oublier avec les années avoir reçu une terre à cultiver.

Notre vie est notre lopin de terre. Nous pouvons l'échanger, le vendre à d'autres qui l'exploiteront à leur guise. Nous pouvons le laisser en friche ou bâtir dessus. Nous avons la capacité, le pouvoir d'en faire un jardin d'Éden. Nous avons en main le moyen par excellence de sortir de la pauvreté, l'occasion idéale pour devenir autonomes et responsables de notre destin. Nous sommes seuls en mesure de décider de l'orientation de notre jardin.

« Croissez et multipliez-vous »

Dans le premier livre de la Genèse, qui raconte de façon imagée l'histoire de nos origines, Dieu aurait dit à Adam et Ève, en leur remettant son héritage : « Croissez et multipliez-vous. » Tous deux représentant le genre humain, il est bon de nous demander quelle est la nature de cette mission dont nous sommes responsables depuis le début de la création. Différentes définitions fournies par les dictionnaires nous éclairent. Pour le verbe croître, nous pouvons lire : *devenir plus grand, augmenter, pousser, progresser, s'élever, monter*. Pour multiplier, nous retrouvons les synonymes suivants : *accroître, augmenter une quantité, un nombre, centupler, se reproduire, semer, se développer, engendrer, procréer*.

La politique familiale de l'Église, désireuse de préserver notre instinct grégaire, se définissait à une certaine époque par le mot *croît* soit : « augmentation d'un troupeau par la naissance des petits». Certains pasteurs de l'Église ont interprété ces versets de l'écriture et ont incité fortement nos parents à se reproduire, multipliant ainsi le nombre de leurs brebis et accroissant par le fait même leur troupeau.

Dans les années quarante, ma mère et d'autres mères catholiques, canadiennes-françaises, se confessaient d'avoir *empêché la famille* et se voyaient refuser l'absolution et la permission de communier. Selon l'expression du temps, elles ne pouvaient *faire leurs Pâques*. Je me souviens de ma mère revenant à la maison complètement bouleversée, la mort dans l'âme. Parfois, elle retournait vers un autre prêtre qui, lui, se montrait plus clément, la soulageant de son lourd fardeau de honte et de culpabilité pour une autre année. Sûrement de bonne foi, par ignorance sans doute, le clergé de l'époque avait ainsi réduit à sa plus simple expression le message inspiré !

« Croissez et multipliez-vous. » Cette exhortation ne nous restreint pas au fait de peupler la terre. Elle nous engage à faire des enfants, non seulement sur le plan physique, mais également dans d'autres mondes. Ces paroles nous incitent à donner le jour à des idées, à donner naissance à de nouvelles formes-pensées, à accoucher d'émotions et de sentiments et à renaître spirituellement. Nous sommes invités à créer, nous créer et recréer sur tous les plans. Cette incitation : « Croissez et multipliez-vous » est une invite à cultiver le jardin de notre vie.

Ne pensez surtout pas, comme le firent Abraham, Sara ou Zacharie, dont nous parlent les récits bibliques, avoir passé l'âge d'engendrer ! Nonobstant le sexe et l'âge, nous avons en chacun de nous la puissance requise pour fertiliser nos rêves et nos désirs et les mener à terme.

20 / 60 / 20

À quoi font référence pour vous les nombres 20 / 60 / 20 ? Non, il ne s'agit pas de la proportion d'azote, de phosphate et de phosphore que l'on retrouve dans les engrais mais bien de la composition de notre société humaine. Sur 100 individus qui ont hérité d'un jardin, 20 sont conscients d'en être propriétaires et exercent leurs devoirs et leurs droits. Ils sèment, cultivent et récoltent en abondance. Nous en retrouvons 60 qui travaillent à rendre fertile le sol de leur voisin, négligeant ainsi leur propre terrain. Les 20 autres vivent en parasites et dépendent des groupes précédents.

Pourquoi nous retrouvons-nous habituellement parmi les gens qui exploitent le terrain d'autrui, au lieu de tirer profit de leur patrimoine ? Qu'est-ce qui nous place dans cette situation ? La paresse n'est pas en cause, mais alors ! Quels faits, quelles circonstances sont à l'origine de ce choix ?

D'une part, nous sommes victimes de l'ignorance de nos parents ; eux pouvant en dire autant. Personne ne nous a pris par la main en nous disant : « Regarde, la vie t'appartient, tel un immense champ dont tu es le détenteur. Tu peux y semer ce que tu veux et récolter une moisson abondante. Viens, allons étudier le terrain ; faisons ensemble l'inventaire des outils qui sont à ta disposition. Je t'aiderai dans un premier temps, jusqu'à ce que tu sois assez autonome pour le faire seule ou seul. Je serai à tes côtés, te faisant partager mon expérience, jusqu'au jour où tu seras passé maître dans l'art de faire un jardin. N'aie pas peur, je suis avec toi. » Non, personne, ni père ni mère, ne nous a initiés à cet art.

Inconscients de notre statut d'héritiers et de propriétaires, nous nous engageons à faire prospérer le bien d'autrui. Nous canalisons toutes nos forces, toute notre énergie à les servir. Nous besognons pour satisfaire leurs goûts, leurs besoins, faisant des pieds et des mains pour répondre à leurs attentes et à leurs exigences, pour ne récolter bien souvent que mépris et rejet.

Dans les faits, plusieurs enfants demeurent, jusqu'à un âge avancé, sous la tutelle de leurs parents, par peur de leur faire de la peine ou de les décevoir. Ils deviennent leurs bâtons de vieillesse, se refusant le droit de vivre leur vie. Nombre d'époux et d'épouses se mettent en veilleuse et travaillent à rendre l'autre heureux. De nombreux parents se font serviteurs de leurs enfants et parfois esclaves, se soumettant à leurs moindres caprices. Plusieurs se retrouvent *vampirisés* par les membres de leur famille.

Combien, parmi nous, sont encore des employés mal rémunérés, assujettis à des *maîtres* qui les exploitent ? Sortons de notre ignorance ; brisons notre joug. Nous n'avons pas, comme le dit Paul de Tarse, été appelés à une vie d'esclaves mais d'héritiers.

D'autre part, si, au fil du temps, nous avons eu vent de notre héritage, nous doutons maintenant de la valeur de notre terrain. Nous sous-estimons son potentiel, ses possibilités et, par voie de conséquence, nous laissons notre jardin en friche. Peu à peu, nous nous laissons séduire, obnubiler et subjuguer par le champ du voisin dont nous surestimons la valeur réelle. Encore une fois, nous nous retrouvons en situation de servitude, de dépendance, victimes cette fois de notre piètre estime de nous-mêmes.

Retrouvons notre dignité et notre estime personnelle. Apprenons ce qu'est le respect de soi. Redécouvrons ensemble la valeur de notre terrain.

Faire un jardin : à quoi bon ?

Sans nourriture, il n'y a pas de vie possible. Le jardin, c'est la vie que nous semons, cultivons et récoltons. Faire un jardin, c'est entretenir la vie. Des petits malins diront qu'il n'est pas nécessaire de s'astreindre à un si dur labeur alors que l'on peut s'approvisionner à même le jardin du voisin. Oui, bien sûr, il est toujours possible de profiter de ce que nos parents ou d'autres ont semé et d'être des parasites ; mais, de toute évidence, les réserves s'épuiseront, les sources d'alimentation se feront plus rares et, un jour ou l'autre, il faudra semer ou mourir de faim. Le jardin assure la nourriture de demain et des jours à venir.

Faites vos plans

Il existe une nourriture pour chacun des plans. Sur le plan physique, nous consommons des forces, de la vigueur, sous forme de fruits, légumes, céréales et protéines. Sur le plan intellectuel, nous nous délectons d'idées. Celles-ci abondent ; nous pouvons les retrouver dans les émissions télévisées, dans les revues, les journaux et les livres. La nourriture affective est une denrée plus rare. Sur ce plan, les jeunes et les personnes âgées souffrent de sous-alimentation. Ils compensent, trop souvent hélas, par une surconsommation d'alcool, de médicaments et de drogues de toutes sortes.

Le jardin de la vie se fait sur tous les plans, à tous les niveaux : physique, intellectuel, moral et spirituel. Il s'étend dans les domaines les plus divers de la vie affective, personnelle, familiale et sociale.

Si nous semons sur le plan physique, nous récolterons des biens matériels, tels que : nourriture, vêtements, bijoux, automobile, propriétés ; tout ce que l'argent peut acheter. Si nous ensemençons sur le plan mental, notre cueillette sera faite de connaissances et d'habiletés. Si nous semons sur le plan affectif, nous moissonnerons : amour, amitié, bienveillance et reconnaissance. Sur le plan moral, la récolte se manifestera sous forme de discernement et de sagesse, nous permettant de faire la distinction entre le bien et le mal. Si notre semis a lieu sur le plan spirituel, nous goûterons les fruits de l'Esprit : l'amour, la joie, la longanimité, la bienveillance, la bonté, la foi, la douceur et la maîtrise de soi. Chaque plan a sa semence particulière et la récolte qui lui est propre.

Le rêve du Pharaon

Faire un jardin, c'est remplir ses greniers, comme au temps du Pharaon. Rappelez-vous l'histoire de Joseph, telle que racontée dans le livre de la Genèse.

> « En Égypte, le Pharaon eut un rêve : sept vaches grasses de chair et belles de forme qui broutaient l'herbe du Nil ; puis vinrent sept vaches maigres et les vaches efflanquées se mirent à manger les sept premières vaches grasses. Puis le roi rêva que sept épis pleins et bons montaient sur une même tige puis sept épis racornis, maigres se mirent à engloutir les sept bons épis.
>
> Aucun, prêtre, magicien et sage serviteur du Pharaon, ne pouvait interpréter son rêve. Du cachot, dans lequel il était enfermé, on fit venir Joseph. Ce dernier interpréta le rêve du Pharaon comme étant la

prémonition de sept années de prospérité et d'abondance, suivies de sept années de famine. Il conseilla au Pharaon de faire des réserves pour que le peuple ne soit pas anéanti par la famine. Pharaon trouva Joseph sage et avisé et le nomma au-dessus de tout le pays d'Égypte. Durant les sept années d'abondance, Joseph fit ramasser le grain dans les greniers, autour des villes et dans les campagnes. Grâce à lui, le peuple d'Égypte fut sauvé et put subsister durant les sept années de disette. »

Avoir des réserves, en ce qui nous concerne, c'est avoir des réserves de santé, c'est avoir des réserves d'idées, des réserves d'amis, des réserves de courage, de foi et d'espérance en l'avenir. Comment en aurons-nous, si nous ne semons, ne cultivons et ne moissonnons dans aucun plan ?

Une idée du travail !

Dans les chapitres qui vont suivre, nous cheminerons étape par étape. Nous apprendrons ensemble comment faire le jardin de la vie. Nous ferons l'étude du terreau. Nous dresserons l'inventaire des outils disponibles. Nous procéderons au triage des graines glanées un peu partout ; nous les sèmerons courageusement et nous cultiverons notre champ. Le moment venu, nous nous pencherons pour récolter ce que nous aurons semé ensemble.

Introduction

Quelques graines à conserver :

- *Nous avons tous hérité d'un jardin : le jardin de la Vie.*
- *Nous sommes seuls en mesure de décider de l'orientation future de notre jardin.*
- *Faire un jardin, c'est faire échec à la pauvreté ; c'est éviter la dépendance.*
- *Faire un jardin, c'est matérialiser, réaliser ses désirs et ses rêves.*
- *Faire un jardin, c'est se prendre en charge et devenir maître de son destin.*
- *Nous ne sommes pas appelés à un statut d'esclaves mais d'héritiers.*
- *Ne sous-estimons pas le potentiel de notre terrain !*
- *Ne nous laissons pas séduire par le champ du voisin.*
- *Il existe une nourriture pour chacun des plans.*
- *Se faire des réserves est sagesse : cela permet de voir venir les « vaches maigres».*

CHAPITRE 1

Étudier le terrain

> « *Connaître autrui n'est que sciences ;*
> *se connaître c'est intelligence.* »
>
> LAO-TSEU

Pourquoi ne pas semer tout de suite ?

Pourquoi ne pas semer tout de suite ? Parce que, c'est justement ce que nous avons toujours fait et refait tout au long de notre route. Où cela nous a-t-il conduits ? Qu'avons-nous moissonné ? De maigres récoltes que des gens, moins bienveillants à notre égard, pourraient qualifier de médiocres.

Nous avons dans notre vie personnelle, amoureuse, familiale et sociale semé trop vite, pressés que nous étions d'aller vers la récolte, l'espérant riche et abondante. Qu'avons-nous recueilli ? Déceptions, frustrations, rejets et honte.

Pourquoi ne pas semer tout de suite ? Parce que, c'est justement ce qu'il ne faut pas faire, étant donné le peu de succès qui résulte de cette méthode.

Il faut arrêter cette roue d'infortune alors qu'il en est encore temps et, surtout, apprendre à nos jeunes, par notre exemple, une nouvelle manière de faire le jardin de leur vie. Nous les regardons, impuissants, s'enfoncer dans ce marécage d'essais et d'erreurs. Dans leur carrière, comme dans leur vie amoureuse, ils font, défont et refont leurs choix, espérant enfin avoir fait le bon, soit celui qui les conduira à la réussite personnelle, professionnelle et sociale. Quel malheur que de voir ces jeunes gens intelligents jouer leur vie à la roulette russe !

Pourquoi apprendre à nos jeunes à ne pas semer tout de suite ? Pour leur éviter de se jeter tête baissée dans une piscine qui n'a pas d'eau. Certains diront que, de la même manière que les voyages forment la jeunesse, les obstacles sculptent la personnalité. Ils auront raison ; mais, n'ayons crainte, nos jeunes ne pourront pas faire un jardin sans en rencontrer ; encore faut-il les rendre habiles à les surmonter.

« On ne récolte pas toujours ce que l'on sème »

Pourtant, on m'a toujours affirmé le contraire. Comment se fait-il que vous, moi et bien d'autres n'avons point récolté ce que nous avons semé ? Pourquoi certains de nos amis ont semé la même chose que nous et ont récolté au centuple alors que nous « rien » ? Fatalité, injustice, chance, que faut-il en conclure ?

À ce propos, dans l'Évangile de saint Matthieu (13 : v. 3 à 10), nous trouvons cette parabole :

> « Voici qu'un semeur sortit pour semer et, comme il semait, des grains tombèrent le long de la route et les oiseaux vinrent et les mangèrent. D'autres tombèrent sur les endroits pierreux, où il n'y avait pas beaucoup de terre et aussitôt ils levèrent parce qu'il n'y avait pas profond de terre. Mais quand le soleil se leva, ils furent brûlés et, parce qu'ils n'avaient pas de racine, ils se desséchèrent. D'autres tombèrent parmi les épines, montèrent mais furent étouffés par les épines. D'autres tombèrent enfin sur de l'excellente terre et ils se

*mirent à donner du fruit, celui-ci à cent, celui-là à
soixante, l'autre à trente pour un. Que celui, dit le
maître, qui a des oreilles pour entendre entende.* »

Alors, que faut-il retenir de cette histoire ? Cette parabole
est tellement riche de leçons de toutes sortes que nous y
reviendrons au chapitre VI. Retenons pour le moment que,
même si nous sommes porteurs d'une bonne semence, celle-
ci tombe parfois dans un terrain qui n'est pas propice à sa
germination ; alors, elle est semée en pure perte. En ne tenant
nullement compte de la nature de notre terrain, nous semons
en vain. Voilà une des raisons qui nous incitent à croire, à tort
bien sûr, qu'on ne récolte pas toujours ce que l'on sème.

« Connais-toi toi-même »

Connais-toi toi-même et tu pourras conquérir l'univers. Pour
savoir qui nous sommes, il faut faire l'étude de notre terrain, il
faut découvrir quelle est notre potentialité de croissance
personnelle. Cette étude est essentielle à la réussite de toute
récolte.

Paul Pouliot, dans son livre *Les techniques du jardinage*,
écrit : « Le fait de cultiver un jardin qui soit proportionnel à ses
possibilités est essentiel, si l'on veut que le jardinage demeure
un véritable passe-temps et ne devienne pas un dur labeur. »
Qui veut passer sa vie à travailler à la sueur de son front, sans
pour autant jouir d'une récolte abondante ?

Ne pas se connaître, c'est se condamner à vivre une vie de
misère hors du paradis terrestre. Souvenez-vous d'Adam et
Ève. Qui de nous, après avoir écouté ce récit symbolique de
la Genèse, a envié leur sort ? Personne bien sûr.

Différents sols, différentes personnalités.

Comment procède-t-on à l'étude du sol? De bien des manières. Le nouveau propriétaire peut effectuer des prélèvements de petites quantités de terre à différents endroits et les porter au laboratoire pour fin d'analyse. L'étude peut se faire également par voie d'observation, par comparaison avec la nature des terrains voisins. Une enquête, relative aux échecs et aux succès des récoltes précédentes, peut être menée auprès des anciens propriétaires.

De même que l'analyse du sol nous renseigne sur sa nature et permet de prévoir son degré potentiel de fertilité, l'étude de notre caractère et de notre personnalité, en identifiant nos forces et nos faiblesses, nous renseigne sur notre possibilité de succès dans différentes sphères de la vie.

Et si nous regardions le sol de près : certains sols sont sablonneux ou sableux, d'autres argileux, calcaires, composés de terre franche ou d'un mélange de tous ces éléments.

SOLS SABLONNEUX

Ils contiennent des grains de silice avec d'autres débris rocheux de calcaire. Plus le taux de silice est élevé, plus la terre en prend les défauts : terre légère, instable, qui se dessèche facilement. La terre siliceuse s'échauffe rapidement et se refroidit de même. Dans ce sol poussent le pin, le chêne noir, l'azalée, le camélia et bien d'autres plantes.

SOLS ARGILEUX

Plus le sol contient de l'argile, plus la terre en prend les défauts : elle devient compacte, mal aérée, elle peut devenir boueuse par temps humide ou se transformer en ciment par temps sec et chaud. Elle se réchauffe lentement, ce qui rend les récoltes plus tardives. Par contre, elle se refroidit plus lentement, donc elle peut porter ses récoltes plus longtemps. Il y pousse le bouleau, le hêtre, le frêne, l'aconit, la balsamine, la digitale, la renoncule et bien d'autres.

SOLS CALCAIRES

Une terre est calcaire à partir de 20 % de calcaire. À 40 %, elle l'est de façon excessive, avec tous les défauts inhérents à ce type de terre : chlorose des plantes, déchaussement des tiges au niveau du sol, gel plus dangereux par foisonnement. Poussent sur ce sol, le coquelicot, le chèvrefeuille, le trèfle blanc, la lavande, l'aster, la campanule, l'iris, le zinnia, les pommiers, etc.

SOLS MEUBLES

Un sol meuble à structure stable, composé de terre franche, est idéal. Tout y pousse merveilleusement bien.

Eh oui, les sols ont leur caractère et leur personnalité tout comme nous. En ce qui nous concerne, les traits de personnalité seront différents suivant certaines composantes fondamentales telles : l'émotivité, l'activité, la primarité ou la secondarité.

Ces éléments ont été élaborés par un philosophe français, René Le Senne, introducteur en France, de la caractérologie moderne. Il en parle longuement dans son livre de vulgarisation, *Traité de caractérologie*.

Analyse du sol : petits tests.

Voyons ce qu'il en est. Il s'agit de répondre chacun pour soi, avec honnêteté et franchise, aux questions suivantes :

SUIS-JE ÉMOTIF OU NON-ÉMOTIF ?

Je suis de type émotif, si j'éprouve plus d'émotions que la plupart des gens de mon entourage. Je suis de tempérament émotif, si je suis habituellement ému par des choses qui laissent indifférents la moyenne des gens. Je le suis, si les émotions telles que le plaisir, la tristesse, la colère et la peur risquent de créer chez moi des troubles d'ordre physique ou psychologique. L'intensité de l'émotion, le choc émotionnel, l'impact dans la vie physique et psychologique peuvent cependant différer d'un sujet à l'autre.

Si ces critères d'émotivité existent, vous pouvez être, selon René Le Senne, de type nerveux, sentimental, colérique ou passionné. Le type colérique que nous décrirons n'aura aucun rapport d'identité avec la personne qui se met souvent en colère. De même, le type nerveux mentionné dans ce chapitre ne trouvera pas son homologue chez l'hyperactif.

Si vous vous classez comme étant une personne émotive, il se peut que vous soyez soit active ou non-active, soit primaire ou secondaire. Nous y reviendrons un peu plus loin.

Si vous restez habituellement insensible à ce qui touche la moyenne des gens, sans être insensible complètement, votre type de personnalité sera peut-être celui d'un sanguin, d'un flegmatique, d'un apathique ou d'un amorphe, suivant que vous soyez de tempérament actif ou inactif, primaire ou secondaire.

Suis-je actif ou non-actif?

Attention danger! Plusieurs de mes amies résistent à l'idée de se classer parmi les non-actifs. Cela semble, au départ, dévalorisant; elles donnent au terme non-actif la définition que l'on donne au mot paresse ou indolence. Elles croient à tort que les non-actifs passent leur vie à ne rien faire. Les non-actifs déplacent autant d'air que les actifs, mais pas pour les mêmes raisons.

Voyons avant tout ce qui caractérise le type actif : il a un besoin impétueux d'agir. Il reçoit une poussée de l'intérieur qui l'oblige à agir sur les personnes, les événements et les choses. Le tempérament actif agit sans avoir besoin d'être stimulé par l'émotivité.

Au moment où j'écris ce livre, mon ami Marcel est en train de refaire les poteaux de sa galerie. Dans une heure, pour changer un peu, il installera les auvents qu'il a repeints il y a quelques jours. Lorsqu'il sera fatigué, il continuera le sablage des quatre chaises que nous avons achetées pour deux dollars à une vente de garage. Puis, il ira faire quelques courses, préparera son dîner, fera la vaisselle, prendra sa douche et viendra me chercher pour aller prendre un café. Au milieu de l'après-midi, il ira arroser les tomates de Ginette, les fleurs de François, déménagera la table de travail de Jean-François, viendra magasiner un tapis aztèque que nous installerons dans notre vieille cuisine, après qu'il aura enlevé le couvre-plancher et décapé ce dernier. Marcel est du type actif. Tout ce débordement d'activités qui, pour moi, tient du cauchemar est pour lui chose naturelle. Alors que je panique devant l'envergure de la tâche, il reste calme et est tout heureux d'avoir plein de projets en marche.

Vous l'avez deviné, je suis du type non-actif. S'il n'y a pas urgence, je dois me pousser dans le dos pour me mettre en mouvement. Je suis bien à ne rien faire. Je suis sélective dans mon action. J'agis par goût ; je peux travailler des heures devant mon ordinateur ; par intérêt, je cours les magasins pour chercher des éléments de décoration ; par obligation, je me rends à la caisse, je vais payer mes factures, je vais faire l'épicerie ; par devoir, je m'implique dans certains comités. Je ne m'active pas ainsi pour le simple plaisir d'être en mouvement ! Ce dernier point fait toute la différence entre le type actif et le non-actif. Sont du type actif : le passionné, le colérique, le flegmatique et le sanguin. Sont du type non-actif : le nerveux, le sentimental, l'amorphe et l'apathique.

Pouvez-vous aborder une première identification ?		
émotif	actif	passionné-colérique
non-émotif	actif	flegmatique-sanguin
émotif	non-actif	nerveux-sentimental
non-émotif	non-actif	amorphe-apathique

Le troisième critère permet de faire une nouvelle sélection.

Suis-je primaire ou secondaire ?

Je suis primaire si je ne me laisse pas envahir dans l'espace et dans le temps par des événements, des émotions, des sentiments déjà passés. Je suis primaire si les situations, les besoins du moment présent prennent tout l'espace, puis disparaissent pour laisser place à d'autres le moment venu.

Je suis secondaire si j'anticipe les conséquences de tel ou tel comportement sur l'avenir. Je suis secondaire si je sais profiter et m'instruire de mes expériences antérieures. Sont primaires les types suivants : nerveux, colérique, sanguin, et amorphe ; secondaires : les sentimentaux, les passionnés, les flegmatiques et les apathiques.

Reposez-vous les trois questions puis, allez voir les tableaux ci-dessous :

	ACTIF	NON-ACTIF	PRIMAIRE	SECONDAIRE
Émotif	Passionné Colérique	Nerveux Sentimental	Nerveux Colérique	Sentimental Passionné
Non-émotif	Flegmatique Sanguin	Amorphe Apathique	Sanguin Amorphe	Flegmatique Apathique

	ÉMOTIF	NON-ÉMOTIF	ACTIF	NON-ACTIF	PRIMAIRE	SECONDAIRE
Nerveux	X			X	X	
Sentimental	X			X		X
Colérique	X		X		X	
Passionné	X		X			X
Sanguin		X	X		X	
Flegmatique		X	X			X
Amorphe		X		X	X	
Apathique		X		X		X

Chaque type comporte des qualités et des défauts, tout comme les sols. Aimeriez-vous avoir une petite idée de votre personnalité ? Si oui, cochez dans le test qui suit les traits ou les comportements qui semblent vous correspondre le mieux.

TRAITS DE PERSONNALITÉ

● ☐ Besoin d'un espace vital tranquille, solitaire

♥ ☐ Trépidation continue ou presque

▲ ☐ Humeur plaintive

■ ☐ Propreté précoce et un peu maniaque

■◆ ☐ Occupation incessante

● ☐ Vengeance, cruauté

◆ ☐ Manie de remettre indéfiniment

■ ☐ Esprit clair et objectif

◆ ☐ Avidité d'argent pour les plaisirs

♥ ☐ Gaieté, cordialité

● ☐ Tendance à se dérober aux efforts

✛ ☐ Amour du changement dans tous domaines

▲ ☐ Santé fragile

✛ ■● ☐ Besoin de solitude

◆ ☐ Avidité de réussite et de triomphe personnel

■ ☐ Absence de susceptibilité

■ ☐ Indépendance d'autrui mais sans mépris

● ☐ Tendance à se faire une vie à part des autres

♥ ☐ Confiance naturelle dans les autres

▲ ☐ Découragement chronique et expressif

■ ☐ Habitude régulière

✛◆ ☐ Haine de toutes chaînes

● ☐ Besoin d'être rassuré sur l'avenir

▲ ☐ Recherche du moindre effort

■ ☐ Humeur égale, tolérante, stable

◆ ☐ Égoïsme, préoccupation de soi

♥ ☐ Besoin de mouvement et d'air

◗ ☐ Vulnérabilité

▐ ☐ Indifférence au matériel de la vie

▐ ☐ Peu de sensualité

✛ ♥ ☐ Voix haute

▲● ☐ Inertie accentuée

■ ☐ Faible besoin physique

◆ ☐ Amour de la vitesse et des belles machines

◗ ☐ Attachement au passé

▐ ☐ Violence contrôlée

✛ ☐ Grande impulsivité

◗ ☐ Manque de sens pratique

♥ ☐ Grande loquacité

● ☐ Attachement passionné à ses habitudes

■ ☐ Humour

◆ ☐ Difficulté à s'engager

◗ ♥ ✛ ☐ Susceptibilité

♥ ☐ Amateur de bonne chère

☽ ☐ Sensibilité vive
♥ ☐ Aime les conversations animées
✛ ☐ Aime la nouveauté, l'inédit
▮ ☐ Radical dans ses opinions
☽ ☐ Manque d'aisance dans le monde
▮ ☐ Vue large et synthétique
♥ ☐ Met de l'entrain
▮■ ☐ Amitié durable
▮ ☐ Énergie débordante
✛ ☐ Perméable aux mauvaises influences
♦ ☐ As de l'entregent
☽ ☐ Plaintif
♥ ☐ Se met en colère mais revient vite
♦ ☐ Courtois
✛ ☐ Aucun scrupule à demander de l'argent
♦ ☐ Ouvert et souriant
☽ ☐ Se sent souvent incompris
♥ ☐ Sensible à la flatterie
▮ ☐ Étude sérieuse et persévérante
✛ ☐ Sentiment de soi obsédant
▲ ☐ Indécis
✛ ☐ Sans rancune
☽▮ ☐ Amour de la philosophie et de la métaphysique
● ☐ Célibataire né
▲ ☐ Dépensier pour lui
♦ ☐ Peu disposé à la compassion
☽ ☐ Vie intérieure intense
✛♥ ☐ Aime se faire remarquer
▮ ☐ Se fixe des buts
✛ ☐ Aime les jeux, les divertissements

☽ ☐ Un penchant pour la rêverie
♥ ☐ Commet des gaffes
♦ ☐ Soigné de sa personne
✛ ☐ Attiré par le bizarre, le grotesque, le macabre
☽ ☐ Routinier
♦ ☐ Aime les sports
▮ ☐ Appétit de puissance
✛ ☐ Met sa confiance dans les non méritants
▮ ☐ Intolérance parfois
☽ ☐ Scepticisme douloureux
▲ ☐ Dit ne rien prévoir
♥ ☐ Chaleureux
▮ ☐ Très ambitieux
■ ☐ Pas très anxieux aux tourments d'autrui
✛ ☐ Attiré par les noceurs, les pervers, les originaux
▲ ☐ N'aime pas être salarié
♥ ☐ Talent oratoire
▮ ☐ Veut laisser des traces de son passage sur terre
■ ☐ Réservé
♦ ☐ Sens pratique
▲ ☐ N'aime pas les contraintes horaires
■ ☐ Ne connaît pas le découragement
▲ ☐ Peu persévérant
♦ ☐ Exprime difficilement ses préférences
■ ☐ D'un naturel simple
▲ ☐ Indécis
■ ☐ Aime le travail
♦ ☐ Superficiel
▲ ☐ Recherche la bonne chère
■ ☐ Humeur égale
♦ ☐ Diplomate
▲ ☐ Pingre pour les autres
■ ☐ Reposant

◆ ☐ Rapport avec les femmes : détachement amusé

✛ ☐ Aversion pour les contraintes

◗ ☐ Amour propre facilement blessé

■ ☐ Aime les normes et l'ordre social

✛ ☐ Nomade, vagabond

◗ ☐ N'aime pas la compétition

✛ ☐ Négligence des travaux imposés

■ ☐ Principes austères et quasi inébranlables

◆ ☐ Sentiments familiaux et pratiotiques pauvres

♥ ☐ Talent d'improvisation

◗ ☐ Fidélité

❚ ☐ Haute préoccupation des besoins de l'humanité

■ ☐ Absence de démonstrativité

▲ ☐ Esprit dépendant des événements extérieurs

◆ ☐ Besoins personnels impérieux

♥ ☐ Amour du panache, décorations, honneurs

◗ ☐ Conservateur dans tous les domaines

❚ ☐ Réflexions nourries par l'expérience

✛ ♥ ☐ Amour du plaisir

● ☐ Besoins affectifs entièrement dissimulés

✛ ▲ ☐ Manque de discipline personnelle

♥ ☐ Maintient autoritaire et décidé

▲ ☐ Goût pour les spectacles cruels

◗■ ☐ Honnêteté naturelle

◆ ☐ Goût mondain prononcé

♥ ☐ Hardiesse

◗ ☐ Tendance à bouder et à grogner

❚ ☐ Difficulté à être consolé

✛ ☐ Instabilité affective et financière

● ☐ Gestes lents et rares

■ ☐ Ordonné

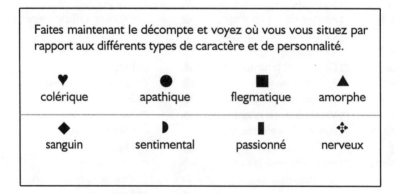

Faites maintenant le décompte et voyez où vous vous situez par rapport aux différents types de caractère et de personnalité.

♥ colérique	● apathique	■ flegmatique	▲ amorphe
◆ sanguin	◗ sentimental	❚ passionné	✛ nerveux

À chaque type de caractère correspond une qualité particulière que voici :

Passionné	Ambition
Colérique	Cordialité
Nerveux	Amour du changement
Flegmatique	Sens de la loi
Sanguin	Sens pratique
Sentimental	Vulnérabilité
Apathique	Désintéressement
Amorphe	Atermoiement déraisonnable

Jardiner, c'est l'art de faire produire au maximum un sol, en utilisant son potentiel de qualités et de défauts. Prenons un exemple : le type nerveux. Il n'est pas, comme on peut le penser, un énervé, un hyperactif, mais bien un émotif, non-actif et primaire. Ce type pourrait être considéré comme instable, un peu comme notre terre sablonneuse. Tout file entre ses doigts : l'argent, les amis, les amours. Il dépense sans compter. Il fuit devant les difficultés et est imperméable au moindre conseil. Impulsif, frivole, indiscipliné, il se dérobe à toute emprise sérieuse. Il profite de toutes les occasions pour s'amuser. L'amour du changement le caractérise. Si l'on dit de notre terre sablonneuse qu'elle s'échauffe rapidement, on peut dire des personnes de type nerveux qu'elles crient facilement, s'emportent et glissent quelquefois dans la vulgarité de langage.

Par contre, ces personnes aiment rire et faire rire. Elles sont sensibles et parfois hypersensibles. Elles ne gardent pas rancune et pardonnent facilement. Elles sont généreuses de leur temps et de leur argent. Elles aiment par-dessus tout le changement.

Si l'on veut tenir compte des qualités et des défauts de ce type de tempérament, il conviendrait d'orienter ces personnes vers des carrières professionnelles requérant une grande mobilité. Il va sans dire que le travail de bureau ou autre, ayant un cadre très structuré, ne conviennent pas du tout à ces êtres épris de variété, de changement et de liberté. Orientés dans les milieux artistiques comme comédiens, animateurs, chanteurs, ils font merveille. Ils font d'excellents moniteurs de vacances. Les milieux sportifs, les relations publiques leur conviennent parfaitement. Des projets à court terme, des responsabilités à brève échéance correspondent à ce type de personnalité.

Il en est de même des autres types de tempéraments. Chacun ayant des forces et des faiblesses, il faut savoir les canaliser dans des activités qui leur conviennent. Les types actifs seront à leur meilleur s'ils occupent des postes de direction, s'ils participent à la vie politique, s'ils deviennent entrepreneurs, hommes ou femmes d'affaires. Les non-actifs seront plus heureux comme chercheurs, enseignants, avocats, bibliothécaires, notaires.

Analysez votre sol et aidez vos enfants à faire de même. Comment? Les bibliothèques municipales fourmillent de livres contenant des études, des tests, vous permettant de vous faire une idée assez précise de votre caractère et de votre personnalité. Profitez de vos heures de loisirs pour faire l'analyse de votre terrain.

Yin, Yang ou faux Yang?

Bernard Ducourant dans son livre *Les clés du bonheur* nous propose une méthode simple et facile. À partir de la figure du t'ai ki et des symboles yin et yang, Bernard Ducourant nous éclaire sur le capital énergie. Le livre débute par un test. Différents tableaux nous exposent clairement le portrait du sujet yang: actif, toujours en mouvement, entreprenant, volontaire. L'auteur nous explique quel est le rythme yang. Il identifie pour nous les atouts et les excès de ce tempérament actif. Il nous dresse une liste de professions, d'activités et de loisirs exercés par les tempéraments de type yang.

Il dessine également le portrait du type yin toujours en terme d'énergie. Celui-ci est moins actif, calme, tranquille, sensible, intuitif, réfléchi.

Il indique clairement par un tableau les atouts et les excès du tempérament yin comme il l'avait fait pour le yang. Il nous renseigne également au sujet du faux yang.

Ce livre renferme des trésors. Il peut vous être d'une grande utilité dans l'étude de votre personnalité. Je vous en recommande l'achat. Il vaut dix fois la somme que vous aurez investie.

Méthodes en tout genre

À partir de tout cela, on peut se demander: «Suis-je un «i» ou un «e» ?» Les sujets du type «i» sont plus centrés sur le monde intérieur; ils aiment la solitude, le calme, la tranquillité; ils aiment réfléchir, méditer. Les «e» sont plus sociables; ils aiment les fêtes, les rencontres d'amis; ils aiment être entourés.

Vous pouvez également vous demander : «Suis-je auditif ou visuel?» Le livre, *L'univers des auditifs et des visuels,* du Dr Raymond Lafontaine et Béatrice Lessoil, peut vous éclairer à ce sujet. Il vous invite à discerner deux types de personnalités selon deux modes d'approche de la réalité, soit à partir de la vue, soit à partir de l'ouïe.

Saviez-vous que les Japonais tiennent compte de la nature des groupes sanguins des individus pour déterminer le montant d'une prime d'assurance? Après étude, il a été prouvé que les «O» ont plus d'accidents que la moyenne générale et que les groupes «A» sont de meilleurs conducteurs. Si vous êtes intéressés à en connaître davantage sur les liens existant entre les groupes sanguins et les caractères, une étude a été faite par Mme Léone Bourdel. Elle a publié un livre qui a pour titre : *Les tempéraments psychologiques*. M. Jean-Louis Degaudenzi en a également écrit un : *Le Secret de votre groupe sanguin*.

Comme nous pouvons le constater par des lectures et de la réflexion, nous pouvons faire nous-mêmes l'étude de notre caractère et de notre personnalité. Nous pouvons également nous faire aider, conseiller par des spécialistes. Questionnaires, tests, lectures ne sont que des points de départ vers la connaissance de soi.

Il faut éviter de s'étiqueter trop vite et de fermer le tiroir sur le sujet. D'autres points viendront éclairer les diverses facettes de notre personnalité et ils pourront en nuancer ou en renforcer certains traits. Analyser et identifier notre sol n'est pas chose facile. Vous avez dû le constater vous-mêmes si vous vous êtes appliqués à faire les travaux précédents.

Chacun de nous est une foule

Saviez-vous que, sur un même terrain, sur cinq cents mètres carrés, on peut trouver à la fois des surfaces sablonneuses, calcaires, argileuses et humifères ? De même, nous sommes composés de plusieurs personnalités, appelées en psychosynthèse des « subpersonnalités ».

Chacun de nous est une foule : nous sommes habités par plusieurs personnages, souvent bien différents les uns des autres. Nos comportements, nos états intérieurs varient au point qu'il est extrêmement difficile de nous identifier de façon précise à un type de tempérament.

Comme des acteurs, sur la scène de la vie nous jouons différents rôles et, parfois, il pourrait être dangereux d'identifier l'individu au rôle qu'il interprète.

Trois règles d'or

- ❖ Se voir et s'accepter tel que l'on « naît » ;
- ❖ S'abstenir de toute comparaison désobligeante ;
- ❖ Miser sur ses forces.

SE VOIR ET S'ACCEPTER TEL QUE L'ON « NAÎT »

Chaque sol est porteur de qualités et de défauts. Rien ne sert de déprécier le sol que nous possédons car tout sol porte en lui la promesse d'une récolte. Pour s'accepter tel que l'on « naît » et se voir tel que l'on est, il faut être honnête avec soi-même ; il faut être capable de se mettre à nu et de se regarder sans broncher.

Nous sommes souvent aveugles en ce qui nous concerne. J'ai déjà eu une voisine qui se disait une passionnée d'aventures. Son plus grand désir était d'aller, caméra en main, faire un safari en Afrique. Elle se classait dans le type actif. En attendant, elle travaillait depuis vingt ans pour la même compagnie d'assurances et faisait consciencieusement son neuf à cinq. Le soir, elle rentrait sagement à la maison, se préparait un petit souper et se reposait de sa journée. Elle n'allait ni au cinéma, ni au théâtre, n'assistait à aucune conférence, ne suivait aucun cours de perfectionnement. Elle avait déjà, disait-elle, été assise toute la journée. Elle passait ses fins de semaine à faire quelques courses indispensables. Un bon livre et la télévision lui servaient de compagnie le soir venu. Elle s'ennuyait, disait-elle, mais ce n'était que provisoire. Elle ne pouvait faire de ski alpin ni de ski de fond, ni de bicyclette, car elle ne pouvait se permettre d'avoir une cheville dans le plâtre pour travailler. Elle passait ses deux ou trois semaines de vacances à récupérer. Elle ne voyageait pas pour l'instant, car ses enfants dans la trentaine et son père veuf depuis quelques années avaient encore besoin d'elle. De toute façon, il va sans dire que les voyages organisés ne convenaient pas à son esprit aventureux. Mais elle se promettait qu'à la retraite, elle pourrait enfin être ce qu'elle était depuis toujours : une fille passionnée d'aventures !

N'est pas passionné ou yang qui veut. Il faut être doté de cette énergie débordante qu'ont ces sujets passionnés et actifs. Il faut avoir leur étonnante capacité de récupération. Je connais des amies qui ne veulent absolument pas être classées dans les Yin et qui s'acharnent à prouver à tous qu'elles sont autres. Quelques-unes, contrairement à ma voisine, font les mêmes activités et dépensent autant d'énergie que les Yang ; ce sont des faux Yang. Elles se leurrent elles-mêmes.

Elles s'épuisent plus rapidement que les vrais sujets yang ; elles fournissent une somme d'énergie plus considérable pour le même travail ; leur capacité de récupération est moins grande. En n'acceptant pas d'être ce qu'elles sont, elles se rendent la vie beaucoup plus difficile.

Nous voulons être autres mais pourquoi ? Nous voulons être la fiche plutôt que la prise, le contenu et non la forme, la lumière et non l'ombre, le positif de préférence au négatif, rationnel plutôt qu'intuitif. Que nous soyons ceci ou cela, peu importe, nous ne sommes ni inférieurs ni supérieurs pour autant. Nous sommes tous interdépendants les uns des autres et déficients les uns sans les autres. Qui est le plus important : l'homme ou la femme ? Que serait l'homme sans la femme et vice versa ? Le genre humain serait voué à l'extinction. Les deux doivent s'unir pour produire, créer, donner la vie et l'entretenir. Que ferait le côté gauche du corps sans le côté droit ? Il serait voué à la mort. Comment regarderiez-vous votre journal télévisé si vous n'aviez que la fiche et pas de prise ?

La franchise, l'honnêteté consistent à nous voir rigoureusement tels que nous sommes, sans masques, sans fausse pudeur et sans honte. Faire preuve d'humilité, c'est reconnaître et nos forces et nos faiblesses ; c'est également accepter d'être dépendants et interdépendants les uns des autres.

S'ABSTENIR DE TOUTE COMPARAISON DÉSOBLIGEANTE

Il ne faut pas regarder sans cesse le champ du voisin. La manie de se comparer peut mener à bien des déboires. La légende du pommier et du peuplier, fruit d'un auteur inconnu, en est un exemple :

Il y a très longtemps, poussaient dans le même voisinage un pommier et un peuplier. Leur croissance allait bien et tout laissait croire pour chacun une vie heureuse et une réalisation entière et complète de l'un comme de l'autre.

Un jour, le pommier commença à regarder son voisin, à l'examiner et à le comparer. Voyant le peuplier pousser ses branches à la verticale, il s'imaginait, dans sa tête de pommier, que très bientôt le peuplier réussirait à décrocher une étoile dorée dans le ciel.

Jour après jour, notre pauvre pommier regardait son voisin et, chaque jour, ses bras s'allongeaient et le malheureux pommier se disait tristement en lui-même : « Il va l'avoir, son étoile dorée. Encore quelques mois et ça y sera. » Et le pommier redoublait ses efforts.

Bien qu'il oubliât son rôle de pommier, la nature ne le boudait pas. On le vit au printemps tout fleuri, ses fleurs sentaient bon. Tout le village venait l'admirer, mais lui ne voyait même pas les visiteurs qui ne cessaient de vanter sa beauté, tout occupé qu'il était à piquer de l'œil du côté du peuplier.

L'été, à son tour, le chargea de fruits. Il ne vit pas les visiteurs défiler et s'arrêter de longues heures, à lui faire la causette. Ses oreilles étaient fermées et toute son attention était concentrée sur son voisin qu'il enviait et qu'il craignait de voir chaque matin avec une étoile dorée au bout de ses branches.

Ce fut l'automne, et ses pommes tombèrent une à une, sans qu'il s'en préoccupe. Son cœur était de plus en plus chagriné. Il ne dormait plus la nuit pour surveiller son voisin, tellement il était assuré que, pour lui, décrocher une étoile dorée, c'était une question de jours.

Un bon matin, déployant un dernier sursaut d'énergie pour soulever ses bras vers le ciel et, les laissant tomber presque de désespoir, en baissant les yeux, il vit sa dernière pomme tomber par terre et se briser en deux.

Quelle ne fut pas sa surprise de constater que son étoile était à l'intérieur de lui !

Certains traits physiques, intellectuels et caractériels ne peuvent être modifiés. Ils sont notre lot. La personne qui veut se rendre malheureuse en se comparant a beau jeu car les éléments de comparaison sont multiples :

Ordre physique : grandeur, poids, couleur et texture de la peau, pilosité, couleur et forme des yeux, couleur, épaisseur et texture des cheveux, longueur et largeur du nez ; et nous pouvons continuer de la sorte de la tête aux pieds. Le bilan de santé et la capacité énergétique amènent d'autres éléments de comparaison.

Ordre intellectuel : capacité de voir, de juger, de raisonner, facilité de compréhension, capacité de mémoriser, faciliter à verbaliser, capacité d'analyser, habileté à synthétiser.

Ordre social : fortune, profession, carrière, loisirs, cercle d'amis, popularité, famille, biens de toutes sortes.

Se comparer n'est pas mauvais en soi, si nous acceptons d'être différents mais uniques. Dans le cas contraire, nous risquons d'être aux prises avec des sentiments désagréables, tout comme l'a été notre pommier. La légende dit qu'il se sentait pauvre, malheureux, triste, envieux, jaloux, chagriné et dépressif.

Se comparer peut nous faire oublier notre propre beauté, notre unicité, et nous faire perdre l'estime de soi, jusqu'à vouloir parfois mourir à soi-même pour être l'autre. Vous connaissez sans doute le court récit d'Alphonse Daudet, *La chèvre de monsieur Séguin*. Malgré toute l'attention et les caresses que lui procurait son propriétaire, la pauvre petite chèvre blanche n'était pas satisfaite de son état. Elle se voulait libre de toute attache et indépendante. De plus, l'herbe de la montagne lui semblait plus verte et l'air plus sain. Je vous laisse deviner ce qui est arrivé à cette pauvre Blanquette lorsqu'elle décida d'aller vivre sa vie ! L'envie et la jalousie dévorent à belles dents les personnes qui ne savent pas s'accepter telles qu'elles sont.

Cela ne veut pas dire que l'on ne puisse pas changer ce qui peut l'être et améliorer ce qui est déjà ; non, et nous le verrons plus loin. Au départ, nous nous devons de nous accepter et de nous aimer tels que nous sommes et voir ce que nous pouvons faire avec ce lot de forces et de faiblesses.

MISER SUR SES FORCES

Chaque sol porte en lui des forces et des faiblesses. Regardons-en quelques éléments. Si on analyse la composition du sol, on y voit de l'eau et de l'air, de la terre et du feu, dans des proportions différentes suivant les terrains. Il est bon d'assurer l'équilibre entre les différents éléments. Certains types de caractères ou de personnalités s'apparentent davantage à la terre ; d'autres à l'eau, à l'air ou à l'élément feu. Qui êtes-vous : air, terre, eau ou feu ? Faites le petit test suivant : procédez à l'inventaire de vos forces pour en savoir davantage.

Forces physiques (terre)	Forces intellectuelles (air)	Forces émotionnelles (eau)	Forces personnelles (feu)
❏ Équilibre	❏ Perception	❏ Chaleur humaine	❏ Bonté
❏ Énergie	❏ Intelligence	❏ Sensibilité	❏ Humanisme
❏ Vigueur	❏ Sagesse	❏ Souci d'autrui	❏ Ambition
❏ Coordination	❏ Rapidité d'esprit	❏ Charité	❏ Philosophe
❏ Agilité	❏ Compréhension	❏ Attentif aux besoins des gens	❏ Positivisme
❏ Esprit de compétition	❏ Profondeur de pensée	❏ Amabilité	❏ Enthousiasme
❏ Dextérité manuelle	❏ Logique	❏ Capacité d'inspirer confiance	❏ Courage
❏ Bon physique	❏ Brillance d'esprit	❏ Compréhension	❏ Détermination
❏ Sens pratique	❏ Perspicacité	❏ Amical	❏ Honnêteté
❏ Goût du jardinage	❏ Mémoire	❏ Prudence	❏ Franchise
❏ Capacité de faire	❏ Curiosité intellectuelle	❏ Acceptation des autres	❏ Sens de la justice
❏ Naturel	❏ Capacité verbale	❏ Habileté artistique	❏ Persuasion
❏ Dynamisme	❏ Écriture	❏ Capacité d'aider	❏ Affirmation de soi
❏ Activité	❏ Raisonnement	❏ Créativité	❏ Charisme
❏ Responsabilité	❏ Imagination	❏ Intuition	❏ Responsabilité
❏ Capacité d'aider	❏ Esprit d'invention	❏ Spontanéité	❏ Dévouement
❏ Stabilité	❏ Ouverture d'esprit	❏ Humour	❏ Passion
❏ Constance	❏ Bon jugement	❏ Introspection	❏ Flexibilité
	❏ Analyse	❏ Vivacité	❏ Dynamisme
	❏ Synthèse		❏ Gentillesse

Les éléments et notre personnalité

Si l'on compare notre personnalité aux éléments air, terre, eau, feu, nous pouvons suggérer très sommairement ce qui suit :

TERRE : solide

On dit de ces personnes qu'elles ont les « deux pieds sur terre ». Elles s'expriment avantageusement dans le faire. Elles se sentent à l'aise dans un univers solide, matériel. Elles sont de celles qui laissent des traces physiques de leur venue sur terre. Elles sont bâtisseurs de ponts, de cathédrales, de voies ferro-viaires, d'autoroutes, etc. Leurs qualités sont d'ordre physique : stabilité, solidité, force, sens pratique, sécurité financière, confort, activité manuelle. Si elles n'y prennent pas garde, elles peuvent se laisser enterrer et asphyxier par la production et par les tâches à accomplir. Elles risquent d'oublier d'introduire en elles d'autres éléments. Elles peuvent se durcir, se cimenter et devenir cassantes ; elles peuvent devenir froides et manquer de tolérance à l'égard de celles qui semblent ne rien produire d'utile.

EAU : liquide

Ces personnes se définissent souvent suivant des expressions courantes : elles se font souvent du *mauvais sang* ; elles ont facilement *la larme à l'œil* et *le cœur dans l'eau*. Elles sont souvent agitées, elles ont *le vague à l'âme*, elles font *une tempête dans un verre d'eau*. Leur vision des événements est souvent déformée par leur imagination débordante. Elles n'ont pas les deux pieds sur terre. Elles se sentent à l'aise dans le monde des émotions et des sentiments. Ce sont des personnes chaleureuses, sensibles, généreuses, riches de talents artistiques, qui apportent dans notre quotidien du renouveau, de la beauté, de la couleur et de la fraîcheur.

AIR : gazeux

Ces personnes se reconnaissent à leurs forces intellectuelles : curiosité intellectuelle, rapidité d'esprit, bon jugement, profondeur de la pensée, esprit d'analyse et de synthèse. Elles se sentent bien dans le domaine des idées et des projets. La rigueur qui est la leur peut les conduire à l'intolérance, à l'insensibilité. Elles peuvent se laisser envahir par leurs pensées et leurs recherches et, pour de longues périodes, couper tout contact avec leurs semblables.

Elles ont besoin de l'élément terre pour matérialiser leurs projets, leurs inventions.

FEU : igné

Les qualités du feu relèvent de l'ordre de la passion, du charisme, de l'enthousiasme, de l'ambition. On dit de ces personnes qu'elles ont le feu sacré. Pour réaliser leur idéal, pour soutenir leur ambition, pour matérialiser leurs projets, elles ont besoin des autres éléments.

Alors, vous êtes-vous reconnus ? Il n'y a pas d'éléments ni de tempéraments qui existent à l'état pur.

Tous dans un, un dans tous.

Pour que notre terre soit source de vie, elle doit obligatoirement posséder les autres éléments, soit l'air, l'eau et le feu. Sans eau, la terre se dessèche ; sans air, elle s'asphyxie et sans soleil, elle devient stérile.

L'eau sans air et sans l'apport du soleil se corrompt et devient source de maladies. C'est la mort de ses habitants.

Le feu a également besoin des autres éléments pour subsister. Vous faites un feu de foyer : vous mettez des bûches, du papier (terre), vous attisez le feu en soufflant dessus (air), vous remarquez que la chaleur qui se dégage forme des gouttelettes (eau).

Tous les éléments de la nature agissent de concert pour assurer l'équilibre et la survie de la planète. Le grand jardin qu'est le genre humain doit sa richesse et son équilibre aux différentes personnalités qui le composent. Chacun a sa place dans l'univers et contribue, par le rôle qu'il joue, à en maintenir l'ordre cosmique et l'harmonie.

Étudier le terrain

Quelques graines à conserver :

❖ Il faut se garder de semer avant d'avoir fait une étude sérieuse du terrain.

❖ C'est en vain que le semeur sème, si le grain jeté ne tombe pas sur une bonne terre.

❖ La connaissance du terrain n'est rien d'autre que la connaissance de soi.

❖ L'étude du sol, c'est l'analyse de notre tempérament et de notre personnalité.

❖ Pour nous guider dans notre étude, dans nos recherches, les livres de caractérologie, les tests, les spécialistes en sciences humaines, les psychologues et autres personnes compétentes peuvent être une aide précieuse.

❖ Chaque sol, chaque type de personnalité, renferme des qualités et des défauts.

❖ Dans notre étude du terrain, deux qualités sont indispensables : l'honnêteté et l'humilité.

❖ Trois règles d'or sont à respecter :

— Se voir et s'accepter tel que l'on « naît » ;

— S'abstenir de toutes comparaisons désobligeantes ;

— Miser sur ses forces.

❖ Dans l'univers cosmique, nous avons notre rôle et notre place. Nous contribuons à en assurer l'ordre et l'harmonie.

Chapitre II

Défricher le terrain

« Qui reconnaît son ignorance n'est pas vraiment ignorant ; qui reconnaît son égarement, n'est pas vraiment égaré. »

TCHOUANG-TSEU

Couper les arbres

J'entends crier, protester les tenants de l'environnement mais j'insiste : il nous faut couper des arbres si nous voulons faire un jardin. Pourquoi couper les arbres ? Pour faire de la place à la semence et au soleil. Les arbres prennent de l'espace et il n'en reste que très peu pour semer. Les arbres jettent de l'ombre et empêchent les rayons du soleil d'atteindre le sol et de féconder les graines que l'on sème. Celles-ci pourrissent et meurent. Les arbres prennent au sol toute la nourriture composée d'azote, de phosphore et de phosphate. Véritables vampires, ils siphonnent la terre.

Les arbres symbolisent nos illusions, nos idées irréalistes, notre aveuglement. Les arbres ont des racines profondes. Certains étaient déjà là à notre naissance et avaient été cultivées par nos grands-parents, nos parents. Qu'il faille se débarrasser de cet héritage ancestral n'est pas facile à accepter. Il s'agit en quelque sorte de mettre la hache sur la famille, l'éducation, et sur notre propre manière de penser.

« CE N'EST PAS JUSTE ! »

Une des nombreuses idées irréalistes concerne notre héritage ou l'idée que l'on se fait de la juste répartition des richesses du sol. Nous avons vu que les terrains reçus en héritage étaient différents les uns des autres. Nous avons appris que chacun avait des qualités et des défauts et que certains terreaux semblaient plus favorisés au départ que d'autres. Souvenez-vous de l'histoire du pommier et du peuplier. Il est bien difficile, voire presque impossible, de s'abstenir de toute comparaison. Vous a-t-on déjà raconté cette fable d'Ésope : *L'âne et le cheval* ?

> *L'âne enviait le cheval de manger toujours à sa faim et d'être bien traité alors que lui, contraint de peiner tant et plus, n'avait même pas de paille en suffisance. Mais lorsque vint la saison de la guerre, un soldat tout en armes prit le cheval comme monture et l'entraîna partout sur les champs de bataille, tant et si bien que l'animal tomba un beau jour sous les flèches. Et l'âne, en le voyant, changea d'avis et compatit aux malheurs du cheval.*

L'idée qu'engendre cette manie obsessionnelle de nous comparer et de nous dévaloriser, nous fait crier à l'injustice. Un arbre à couper sur notre sol : croire que la justice devrait exister. Si le désir de justice existe, la justice telle que nous l'entendons n'existe pas, n'a jamais existé, n'existera jamais, pour la bonne raison que le monde est ainsi. Le Dr Wayne W. Dyer dans son livre *Vos zones erronées* nous le dit très bien avec humour : « Les moineaux mangent les vers. Ce n'est pas juste pour les vers. Les araignées mangent les mouches, ce n'est pas juste pour les mouches... Le monde et ses habitants nagent quotidiennement dans l'injustice. »

Est-ce que la nature se soucie de la justice ? Les inondations submergent les maisons, emportent des ponts. Le feu réduit à néant la faune et la flore. Les tornades emportent les bâtiments, fauchent les récoltes, privant les propriétaires du fruit de leur travail. Que dire des glissements de terrain, des éruptions volcaniques ?

La nature a doté les uns de qualités physiques, intellectuelles, morales et spirituelles et elle en a privé d'autres. Ce n'est pas juste pour les personnes ayant un handicap physique ; ce n'est pas juste pour les aveugles, les sourds, les muets, les êtres dont l'état de santé est fragile. Ce n'est pas juste pour les autres souffrant d'un handicap cérébral ; ce n'est pas juste pour les schizophrènes, les maniaco-dépressifs et les autres.

À notre naissance, nos chances de réussite sont différentes. Nous partons perdants ou gagnants. Il y en a qui ont une avance considérable dans la course vers le succès. Selon que nous soyons nés de parents cultivés ou non, financièrement à l'aise ou défavorisés, dans un pays riche ou sous-développé, nous avons plus ou moins de chances au départ. C'est la vie !

La vie ne garantit la justice et l'équité à aucun être vivant. C'est la loi du plus fort : plus fort que la mouche, que l'araignée, que le loup, que l'eau, que le vent, que le feu, plus fort que les autres forts, plus fort que la mort !

Il faut passer outre ce désir de justice et voir la réalité en face. Pourquoi moi, pourquoi lui, pourquoi eux ? Il est des êtres vivants, des événements sur lesquels nous avons du pouvoir et sur d'autres, non. Accepter ce qui ne peut être changé et changer ce qui peut l'être est faire preuve de lucidité et de sagesse. Laissez-moi vous raconter une histoire zen trouvée dans le livre *Sagesse de la Chine* de H. Van Praag.

OH !

Haku-In, maître du Zen, jouissait de la considération de tous ses voisins qui admiraient la pureté de sa vie.

Une jolie Japonaise, qui habitait avec ses parents la maison jouxtant celle du maître, se trouva enceinte.

Les parents en colère exigèrent de la fille qu'elle dît le nom du père. D'abord elle refusa de parler, mais enfin, elle nomma Haku-In.

Pleins de fureur, les parents s'en furent chez le maître, qui se borna à s'exclamer : « Oh ! »

Lorsque l'enfant fut né, on l'apporta à Haku-In. Celui-ci avait perdu sa réputation à la suite de l'aventure, mais cela ne le préoccupait nullement. Il soigna fort bien l'enfant : des voisins lui procuraient du lait et tout ce qui était nécessaire.

Un an passa, et puis la mère de l'enfant n'y tint plus : elle avoua à ses parents que le père était un jeune homme employé au marché au poisson.

Les parents se rendirent aussitôt chez Haku-In pour implorer son pardon, lui présentèrent mille excuses et demandèrent à reprendre l'enfant.

« Oh ! » dit Haku-In en leur rendant l'enfant.

Nous nous sommes tous sentis, un jour ou l'autre, victimes d'injustice. Si nous acceptons le fait que la justice n'existe pas, qu'elle n'est qu'une illusion, un fantasme parmi tant d'autres, nous accepterons plus sereinement les vicissitudes de la vie.

Le perfectionnisme

Nos attentes irréalistes nous rendent malheureux. Vouloir être nanti d'un sol parfait et pleurer sur son sort parce qu'il ne l'est pas, c'est encourager l'illusion que tout peut, à force de travail, être parfait ou le devenir. Sur cette terre, rien n'est parfait.

Il faut entendre les personnes qui, à nos yeux, semblent parfaites se plaindre de telle ou telle imperfection les empêchant de s'accepter et de s'aimer. Elles deviennent les proies faciles d'une publicité mensongère. Elles achètent crèmes et autres produits de tout acabit, pouvant rendre leur silhouette idéale. Elles se morfondent en exercices de toutes sortes. Elles courent chez les massothérapeutes, suivent des diètes miracles, aussi néfastes qu'inutiles, tout cela pour retrouver ou conserver une forme qui ne sera toujours que provisoire et qui n'égalera jamais la perfection tant désirée.

Que dire maintenant de cette idée irréaliste de la santé parfaite : de quoi se rendre malade ! Je sais de quoi il est question, pour avoir été moi-même et la victime et l'agresseur. Lorsque cette idée irréaliste s'immisce dans notre tête, elle engendre des émotions d'inquiétude, de peur, de désir de rejet de la maladie sous toutes ses formes. L'idée de la santé parfaite n'accepte aucun petit bobo, même passager. La prévention est de rigueur. Comme des malades, nous multiplions la consommation de vitamines, minéraux, oligo-éléments. Nous nous documentons sur les différentes maladies susceptibles d'affecter le genre humain, donc de nous affecter. Nous passons à l'offensive : liste à la main, nous allons acheter nos munitions pour faire la guerre à la maladie et la vaincre coûte que coûte. Cela coûte cher !

Que penser des visites chez des pseudo-naturopathes qui nous persuadent, bible à l'appui, que : « Si notre œil a mal, tout notre corps est malade. » Nous en sommes quittes pour une facture d'herbes pures et de produits de désintoxication qui dépasse largement les dépenses prévues pour l'épicerie.

Sur la terre, la santé parfaite n'existe pas. Nos enfants attrapent le rhume, la rougeole, les oreillons. Ce n'est pas drôle, je sais, mais c'est ainsi. Nous, adultes, pressés comme des citrons, avons parfois d'amères migraines. À force de nous faire de la bile, notre foie se révolte. Nous ployons sous le poids de nos responsabilités et des douleurs lombaires voient le jour. Sans nous souhaiter du mal, je suis persuadée qu'un jour ou l'autre nous serons malades. C'est la vie ! Le corps parfait, la santé parfaite, ne sont qu'une utopie.

Dans le même ordre d'idées, vouloir un conjoint ou une conjointe parfaits, un mariage idéal, des enfants extraordinaires, un travail n'exigeant aucun effort, c'est exiger que l'on décroche la lune pour nous ; c'est demander plus que ce que la terre peut nous donner. Si nous entretenons et alimentons ces croyances, nous refusons de voir la réalité en face. De ce fait, nous nous berçons d'illusions. Exiger que les membres de notre famille ou nos amis se comportent de façon parfaite en toutes occasions, c'est se vouer à d'innombrables déceptions et à d'incalculables frustrations.

Ces exigences irréalistes conduisent souvent à la névrose. La course effrénée à la perfection est une poursuite de vent. La perfection est impossible à atteindre. Elle est comme un mirage dans le désert.

Pourquoi est-il écrit : « Soyez parfaits comme votre Père céleste est parfait » ? Si le Père céleste est parfait, c'est que la source est parfaite ; mais qu'advient-il de l'eau de source, lorsqu'elle descend de la montagne pour se diriger vers la vallée ? Elle accumule des déchets sur son passage ; elle se pollue peu à peu dans sa descente. À son arrivée, elle est déjà corrompue. Notre nature divine est parfaite, mais sa manifestation ne l'est pas. En d'autres mots, la nature manifeste de façon imparfaite son Créateur. La matière, bien qu'imparfaite, tend à se parfaire. Lorsque ce désir naturel se change en attentes et en exigences, nous devenons aveugles à la réalité. Non, rien ni personne n'est parfait !

Dans quelque domaine que ce soit, notre esprit restera toujours limité par la matière. Vouloir être Dieu, vouloir être comme des dieux, n'est-ce pas outrepasser les pouvoirs que sont les nôtres ? Il vous a sans doute été donné d'entendre l'histoire d'Arachné, tirée de la mythologie grecque. Je vous la rappelle brièvement :

> Arachné est une jeune Lydienne qui excelle dans l'art du tissage. Elle tisse et brode à merveille. Voici qu'un jour, elle décide, vulgaire mortelle, de compétitionner d'excellence et de défier sur son propre terrain Athéna, déesse de la Raison Supérieure, fille de Zeus, qui est alors la maîtresse du tissage. Outragée par cette offense, Athéna la métamorphose en araignée qui ne cessera de se balancer au bout de son fil.

Les victimes du perfectionnisme spirituel refusent leur nature humaine. Elles se laissent aveugler par toutes sortes de philosophies. Leurs maîtres, brillants et rusés, comme le serpent de l'Éden, promettent à leurs adeptes l'obtention de pouvoirs extraterrestres, l'accès à une conscience supérieure et la possibilité de se dégager des contraintes d'une mort ordinairement humaine. Les marchands d'illusions pullulent et le prix d'achat est souvent fort onéreux. Certaines personnes ont même payé de leur vie !

«Si tu veux, tu peux.»

Nous avons là un autre arbre à couper, car cette idée n'est pas conforme à la réalité. Dans la vie, on ne peut pas avoir tout ce que l'on veut. Nous l'avons vu à propos du sol : la santé parfaite, le corps parfait, les enfants parfaits n'existent que dans notre imagination. Même en y mettant le prix, il y a des biens qui ne s'achètent pas. Nous ne pouvons être ou devenir ce que nous voulons, si cela n'est pas conforme à notre nature. Les anciens, bien avant Jésus, les maîtres philosophes : Zénon, Socrate, Épictète et les autres, le savaient déjà. Ils divisaient les situations en deux catégories : les choses qui dépendent de nous et les choses qui ne dépendent pas de nous. Épictète, philosophe, né vers l'an 50 avant Jésus-Christ disait ceci :

> « Ce qui dépend de nous, ce sont nos jugements, nos tendances, nos désirs, nos aversions : en un mot, toutes les œuvres qui nous appartiennent. Ce qui ne dépend pas de nous, c'est notre corps, c'est la richesse, la célébrité, le pouvoir : en un mot, toutes les œuvres qui ne nous appartiennent pas. Les choses qui dépendent de nous sont par nature libres, sans empêchements, sans entraves ; celles qui n'en dépendent pas, inconsistantes, serviles, capables d'être empêchées, étrangères. »

C'est pourquoi, lorsque viendra, pour nous, le temps de semer, il faudra étudier notre potentiel : si nous semons sur le plan physique, notre potentiel physique ; sur le plan mental, notre potentiel intellectuel ; sur le plan de l'esprit, notre potentiel spirituel.

Dire au pommier : « Donne-moi des prunes », c'est lui demander des fruits contre nature. Pourtant, j'ai observé, dans ma classe, des enfants, ayant un lourd handicap physique, vouloir se comporter comme s'ils n'en avaient pas. J'ai certes admiré beaucoup leur courage et leur détermination. J'ai regretté par contre que ces enfants n'aient pas été encouragés par leurs parents à investir leur capital énergétique de façon à rentabiliser leur potentiel. Je sais que certains enfants essaient de rivaliser, de compétitionner sur le plan intellectuel, avec d'autres plus doués, quelquefois leur frère ou leur sœur. Ils le font souvent dans le but de répondre aux exigences de leurs parents ou dans l'intention de se faire aimer d'eux. Que nous dit à ce propos, notre sage philosophe Épictète :

> « *Ô homme ! Considère d'abord ce que tu te proposes, et vois ensuite, en étudiant ta nature, si tu en es capable. Tu veux être pentathle ou lutteur ? Regarde tes bras, tes cuisses, examine tes reins. L'un en effet, est né pour une chose ; l'autre pour une autre. Si tu prends un rôle au-dessus de tes forces, non seulement tu y fais pauvre figure, mais celui que tu aurais pu remplir, tu le laisses de côté.* »

COMPTER SUR LA CHANCE

Un autre arbre à couper : croire que la vie est composée de personnes chanceuses et de personnes malchanceuses. Il ne suffit pas de mettre une graine en terre pour qu'elle pousse et porte fruits. Les fruits, tout comme l'argent, ne tombent pas du ciel. Ils naissent respectivement du travail de la terre et du travail de l'homme. Ralph Waldo Emerson disait : « Seuls les gens superficiels croient en la chance. »

Og Mandino, dans ses livres *L'Université du Succès*, rapporte les confidences de personnes qui ont réussi dans la vie et les raisons de leur succès. Je n'y ai pas retrouvé cette idée farfelue que les choses s'arrangent d'elles-mêmes. Au contraire, dans le tome III, il rapporte les paroles de William Maxelle Aitken, le célèbre propriétaire de journaux de Grande Bretagne, également connu sous le nom de Lord Beaverbrook. Celui-ci résume sa philosophie en des termes très clairs : «Compter sur la chance, voilà résumée en une phrase, l'attitude contre laquelle je mets en garde les jeunes qui cherchent à se tailler une place au soleil. Aucune attitude n'est plus réfractaire au succès ; aucune expression, plus insensée.» Nous devons mettre notre corps, notre cœur et nos méninges à l'ouvrage, dans un esprit de collaboration et d'harmonie. Comme le dit si bien Lord Beaverbrook dans son livre *Les trois clés du Succès* : «Seuls le discernement et l'ardeur au travail appuyés sur la santé garantissent la permanence et la réalité du succès. Tout le reste n'est que superstition.»

Compter sur la chance, c'est vouloir avoir quelque chose de gratuit. Rien n'est gratuit dans la vie. Nous voulons vivre sur cette terre, nous devons respirer, puis expirer, puis inspirer à nouveau et expirer encore. Un bon conseil : ne lâchons pas ! Notre cœur doit continuer de battre, notre sang doit circuler constamment dans nos veines. Pour conserver et entretenir la vie en nous, nous devons boire, manger et éliminer. La vie n'est pas gratuite. Un ensemble de systèmes : respiratoire, digestif, musculaire, lymphatique, sanguin, travaille pour nous maintenir en vie.

La vie exige un échange : je donne et je reçois, je reçois et je donne, je respire et j'expire, je mange et j'élimine. Le troc existe depuis des temps indéfinis. Si nous désirons faire un feu pour obtenir un peu de chaleur, nous devons sacrifier du bois. Pour conserver notre vigueur et notre énergie, nous devons faire le sacrifice de certaines plantes, herbes, fleurs, fruits et animaux. Quel est le vrai sens du sacrifice ? C'est, à mon avis, se départir d'un bien en vue d'en obtenir un autre que l'on juge supérieur.

Point n'est besoin d'études universitaires pour comprendre cette grande vérité. Marcel, mon compagnon de vie, m'a beaucoup appris à ce sujet. L'été dernier, nous sommes allés à la pêche pour ensemencer son lac. Sa première recommandation s'exprimait en ces termes : « Marie, si tu veux prendre du poisson, il faut mettre les plus beaux vers. » Après une ou deux minutes, il revenait patiemment à la charge : « Regarde si tu as encore des vers. » À vrai dire, je n'aime pas la pêche car il faut sacrifier des vers et même des poissons, souvent, non par nécessité de se nourrir, mais par simple divertissement. Par contre, en allant à la pêche, j'ai appris une grande leçon : il faut appâter la chance !

Dans la vie, tout a un prix qu'il faut payer, soit en argent, soit en valeur équivalente. Le travail manuel ou intellectuel est une monnaie d'échange pour obtenir ce que nous voulons de la vie. Et si, pour vous, gagner à la loterie, c'est avoir de la chance, essayez donc de gagner sans avoir payé le prix de votre billet !

Rien n'est éternel

Qui veut cultiver un jardin doit accepter que la vie est mouvement et transformation : la fleur pousse d'une graine, elle devient bouton, puis s'épanouit et se fane. Comme le dit si bien Lamartine : « Ainsi tout change, ainsi tout passe ; ainsi nous-mêmes nous passons. » Les philosophes grecs et latins, dont Démocrite, Aristote et Lucrèce, l'exprimaient bien avant lui. Démocrite disait : « Le monde est changement ; la vie est remplacement. » Le bébé devient enfant puis adolescent, jeune homme, homme mûr, vieillard, moribond puis autre, car la vie continue sous une autre forme. Utilisant des situations de la vie quotidienne pour illustrer ses affirmations, Lucrèce expliquait que si, depuis qu'il existait, la voile avait évolué, il ne pouvait en être autrement pour les autres formes d'existence. Aristote croyait que les étoiles étaient éternelles, Lucrèce affirmait le contraire. Depuis 1965, les savants se rallient à l'affirmation de Lucrèce que l'univers a un passé, un présent et un futur.

« Si belle soit une forme, elle n'est qu'une forme et comme telle est périssable. » Voilà ce que nous disent les maîtres bouddhistes. « La doctrine de l'impermanence est la plus belle perle du trésor bouddhique », nous dit entre autres le Vénérable Ayadeva. Toutes les peines, nous dit ce grand maître, peuvent se ramener à un vase brisé.

Si nous comprenons bien et si nous voulons regarder cette vérité en face, nous accepterons, non sans regrets, non sans peine, que l'argent que nous avons ramassé péniblement s'envole en fumée lors d'un crash ou d'une récession ; ou encore, que l'entreprise édifiée à grands coups d'efforts périclite et doive fermer ses portes. Nous acquiescerons à cette idée, qu'un jour, nos enfants puissent nous quitter et voler de leurs propres ailes et que l'amour qu'ils nous portent change peu à peu de forme. Toute forme étant périssable, un jour ou l'autre, nous perdrons notre mère, notre père, nos enfants, nos amis. Ce sont des vases qui se brisent.

Si le corps, qui est une forme, est périssable et sujet à changements, la vie, l'amour, sont des « sans formes » donc éternels, qui demeurent à jamais. Ce qu'il nous faut retenir, c'est que toute chose que nous semons et récoltons sur le plan physique, intellectuel, émotif, prend forme, puis se transforme, car telle est la vie : changement et remplacement.

D'autres arbres nous cachent la voie de la vérité. Certaines personnes, psychologues ou autres, peuvent nous aider à y voir clair. Lucien Auger, dans son livre *Se guérir de la sottise*, fait l'énoncé de plusieurs pensées irréalistes qui nous rendent la vie exécrable. Si vous avez la chance d'aller assister à une de ses conférences, ne la manquez pas. M. Auger possède beaucoup de charisme et une présence sur scène étonnante. Sa simplicité est désarmante, son langage imagé et son sens de l'humour communicatif. Il est, en outre, un excellent pédagogue.

J'ai lu avec beaucoup d'intérêt le livre du Dr Scott Peck intitulé : *Les gens du mensonge*. Cela m'a rappelé l'histoire des dix aveugles guéris par Jésus. Comment cela se fait-il, qu'un seul des dix soit venu remercier Jésus ? « Les autres n'ont-ils pas été guéris ? » de dire Jésus. Qui sait, si les neuf autres n'étaient pas en maudit contre Jésus, d'avoir ainsi bouleversé leur vie ! En fait, Jésus ne venait-il pas de leur couper leur bien-être social et de les remettre sur le marché du travail ? Le récit met en doute le désir profond qu'avaient les neuf aveugles d'être guéris.

Voir clair amène tout un changement dans notre vie. Voir la réalité en face demande du courage et appelle à des modifications de comportements. Cela ne va pas sans difficultés et sans efforts. « Ce que l'on ne voit pas ne nous fait pas mal » dit le vieil adage ; fermer les yeux est souvent plus commode !

Déraciner les souches

Qu'entendons-nous par souches ? Les souches sont des émotions, des sentiments, des attitudes désagréables suscités par nos pensées erronées. Pour chaque arbre, il y a une souche qui étend ses racines au cœur de la terre et la bouleverse.

Voyons quelques-unes de ces souches et leur rapport avec les arbres précédents.

L'ENVIE MALADIVE

Lorsque nous coupons court à l'idée de vouloir à tout prix que le monde soit juste envers nous, nous pouvons faire la lumière sur l'envie. L'envie est un sentiment désagréable qui nous fait désirer ce que l'autre possède. L'envie prend racine de cette idée pernicieuse que ce que l'autre a, nous aussi nous devrions l'avoir, sinon ce n'est pas juste! Ce regard de convoitise, il va sans dire, nous rend malheureux. Bien peu d'entre nous sont épargnés par la racine de ce mal. Comme le dit Albert Camus dans *Les animaux malades de la peste* : « Ils ne mouraient pas tous, mais tous étaient frappés. »

Betsy Cohen, dans son livre *Le syndrome de Blanche-Neige*, nous fait voir, exemples à l'appui, que l'envie s'immisce dans tous les domaines de la vie. Quelques-uns envieront des qualités d'ordre physique : la beauté, la santé, le poids. Rappelez-vous la fable de La Fontaine : *La grenouille qui veut se faire aussi grosse que le bœuf.*

> *Une grenouille vit un bœuf*
> *Qui lui sembla de bonne taille.*
> *Elle qui n'était pas grosse en tout comme un œuf,*
> *Envieuse s'étend, et s'enfle, et se travaille*
> *Pour égaler l'animal en grosseur ;*
> *Disant : «Regardez-bien, ma sœur ;*
> *Est-ce assez ? dites-moi : n'y suis-je point encore ?*
> *— Nenni. — M'y voici donc ? — Point du tout.*
> *— M'y voilà ?*
> *— Vous n'en approchez point. » La chétive pécore*
> *S'enfla si bien qu'elle creva.*

Le monde est plein de gens qui ne sont pas plus sages :
Tout bourgeois veut bâtir comme les grands seigneurs,
Tout petit prince a des ambassadeurs,
Tout marquis veut avoir des pages.

Certaines personnes envieront le succès, la sécurité financière : compte en banque, maison d'été, voyages, loisirs, vêtements luxueux. D'autres brûleront du désir de posséder un capital humain au même titre que leur voisin : parents, amis, conjoint ou conjointe, enfants. Plus subtilement, seront également source d'envie : intelligence, habiletés diverses, compétence, indépendance, créativité et calme intérieur. Nos envies sont les reflets de manques, de vides à combler. Il nous faut déraciner nos envies et les regarder de près car c'est à partir de nos envies que nous allons semer.

Betsy Cohen nous dit que l'envie peut être un guide positif : « l'envie permet de développer des identifications positives ». Nous essayons tous d'intégrer les qualités de nos héros ou héroïnes. Plus nous les admirons et les envions, plus nous voulons leur ressembler, faire nôtres leurs valeurs, acquérir leurs connaissances et développer les aptitudes et les habiletés qui sont les leurs. Nous tendons à conformer notre comportement, en vue d'une identification complète à l'objet idéalisé.

Le culte du héros a toujours existé. Les maîtres ont toujours encouragé la lecture de livres relatant la vie de personnages pouvant servir de modèles à l'humanité. Les biographies religieuses, historiques et politiques ont pour fonction de stimuler l'idéal.

L'envie, comme toute chose, a un côté obscur : elle engendre l'insatisfaction, la frustration, la colère, la haine, et nous rend malheureux. Elle a un côté lumineux : elle peut servir d'aiguillon, nous motivant dans la poursuite et la réalisation de nos besoins, de nos aspirations et de nos rêves. Nous verrons dans le prochain chapitre que ce qui est source d'envie peut être composté ou recyclé, pour devenir graines de semence.

PERFORMANCE VERSUS IMPUISSANCE

Ce désir de perfection est-il inné ou acquis ? Lors de sa dictée, Mirianne, une petite fille de ma classe, effaçait chaque mot après l'avoir écrit. Elle était terrifiée à l'idée de faire une faute. Très douée, son rendement ne correspondait pas à son potentiel. Devant un problème, nerveuse, inquiète, elle hésitait, formulait une réponse puis se rétractait. Elle était obnubilée par le désir de réussir sans faille la tâche demandée.

Avec le temps et l'aide de sa mère, elle gagna en confiance et estime de soi. Elle réussit à accepter le fait qu'elle aussi avait droit à l'erreur, comme tous les autres humains. Brillante, elle performa bientôt au-delà de nos attentes.

La personne qui se veut irréprochable, ne se donne pas le droit à l'erreur. Elle porte un soin méticuleux à être et à faire parfaitement. Elle se consacre, par le fait même, à un travail monstre et frustrant car son objectif est toujours hors d'atteinte.

« Vingt fois sur le métier, remettez votre ouvrage, polissez-le et repolissez-le sans cesse. » Ces paroles de Boileau ont eu certes des conséquences heureuses : elles ont servi d'encouragement à l'effort et de motivation à un travail de qualité. Par contre, d'autres se sont servis de ce leitmotiv et en ont fait une cible hors de portée, réduisant à l'impuissance quiconque ne pouvait atteindre la perfection désirée.

L'individu qui se veut accompli, achevé, porte comme un fardeau sa nature humaine. Il souffre d'être une œuvre inachevée. Les situations d'échecs le couvrent de honte. Il se sent prisonnier de son mal-être et de son incapacité à se manifester de manière absolue. L'idéal inaccessible qu'il poursuit l'amène, de déceptions en déceptions, au découragement. Il est loin d'être fier de sa condition humaine et la condition divine reste, malgré tous ses efforts, hors de portée.

Incapables de performer, certaines personnes se réduisent à leur plus simple expression. C'était le cas d'Alex, une autre petite fille de ma classe de deuxième année. Les premiers jours de classe, alors qu'elle me remettait ses copies ou ses dessins, je lui faisais remarquer son manque d'application. Avec un beau sourire, elle me répliquait : « Ce n'est pas grave ! » Je me disais intérieurement : « Voilà une petite fille qui ne s'en fait pas avec la vie. » Les jours passaient, sans que je puisse déceler chez elle le moindre désir d'améliorer la qualité de son travail et cela, malgré mes recommandations.

La percevant comme une enfant fragile et délicate, je m'informai de son état de santé auprès de sa mère : « mangeait-elle bien, dormait-elle bien, jouait-elle régulièrement à l'extérieur ? » Sa mère me disait qu'à la maison, elle se montrait robuste avec son grand frère, jouait dehors des après-midi durant et ne démontrait aucun signe de fatigue susceptible de l'inquiéter.

Après quelques mois, je voyais bien que cette tolérance dont elle faisait preuve à son égard, s'étendait à d'autres domaines. Elle perdait sa tuque, ses mitaines, mais ce n'était pas grave. Elle oubliait son costume d'éducation physique à la maison, ne rapportait pas les signatures demandées, mais ce n'était jamais grave.

Alex n'était pas dépourvue d'intelligence, loin de là, et pourtant, elle obtenait avec peine le seuil de réussite. Il a fallu se parler et voir ensemble à quel point ses comportements, sans être graves, avaient comme conséquences de perturber, non seulement la vie de ses parents et de ses professeurs, mais de compromettre sérieusement ses chances de monter en troisième année. Avec son accord, nous avons dressé une liste des responsabilités qu'elle pouvait très bien assumer si elle désirait vraiment devenir de plus en plus autonome. Des petits objectifs réalisables à court terme ont été fixés, dans le but d'accroître sa motivation.

La loi du juste milieu, telle qu'enseignée par les moines bouddhistes, trouve ici son application : l'enfant qui poursuit un idéal impossible et cette autre qui se complaît dans la médiocrité. Le trop ou le trop peu sont tous deux, au même titre, manque de sagesse !

INFANTILISME

On a parfois l'impression que la chance tombe du ciel, comme la manne dans le désert. On entend dire : « Tu as de la chance de savoir si bien jouer du piano ! Tu as de la chance de parler si bien anglais ! Tu as de la chance d'habiter dans une aussi belle maison ! » On ne prend pas en considération le fait que, pour en arriver à la maîtrise d'un instrument, il a fallu sacrifier des heures de loisirs et s'astreindre à des pratiques quotidiennes longues et ardues et cela durant nombre d'années. L'apprentissage d'une langue seconde ne se fait pas par osmose. La coquette maison a souvent coûté à son propriétaire des heures de travail supplémentaire. Il y en aura toujours pour dire : « Mais vous en avez de la chance ! »

D'où vient la chance ? Quand j'étais jeune, le réfrigérateur était plein sans que j'aie eu à faire l'épicerie ; des vêtements arrivaient comme par magie dans ma garde-robe ; je regardais la télévision, je dormais au chaud dans des draps frais lavés et repassés sans que j'aie à lever le petit doigt. J'étais une enfant, j'avais de la chance, en l'occurrence mes parents et ma sœur aînée. La chance avait un nom et un prix : le travail de ma sœur et de mes parents.

À vingt-quatre ans, la chance m'a quittée : en fait, j'ai quitté mes parents et mon emploi. J'ai épousé mon voisin qui tenait fermement à ce que je sois une femme au foyer. À partir de cet événement mémorable, j'ai dû faire l'épicerie, préparer les repas pour le mari et les employés, astiquer la maison, changer les draps, faire la lessive en utilisant une vieille laveuse à tordeur, héritée par malchance de ma belle-mère. Eh oui ! Elle avait refusé, un an plus tôt, l'entrée d'une lessiveuse automatique. Alors que ma mère venait de renouveler pour la troisième fois son ensemble laveuse-sécheuse, moi j'étendais mes couches sur les cordes alignées dans la cuisine d'été. Pas de chance me direz-vous ! La chance n'y était pour rien. Nous n'avions tout simplement pas les moyens de vivre avec un seul revenu. Être mère au foyer commençait à l'époque à devenir un luxe.

Croire en la chance, c'est faire preuve d'infantilisme. Croire en la chance, c'est croire, comme un enfant, qu'il suffit d'aller chercher des sous à la banque pour se payer tous les bonbons et les gâteries désirés.

La colère : un cri du cœur.

La colère est un sentiment très désagréable, prenant racine dans toutes sortes de frustrations. Lorsque la vie nous contrarie, lorsque nous aspirons à être et que nous ne sommes pas, lorsque nous voulons avoir et que nous n'avons pas, nous rencontrons une limite à notre pouvoir. Nous sommes alors privés de l'objet de notre désir et notre cœur dit : « Non, ce n'est pas juste ! » Une colère s'annonce.

La colère bouleverse le sol, retourne la terre sens dessus dessous. Ses racines sont envahissantes, à tel point que le sol ne peut plus respirer. La colère gruge, ronge, absorbe tout et dévaste complètement le terrain. La colère est comparable à une pluie de grêlons, à l'orage dévastateur, au typhon et à l'ouragan. Elle rend malheureuses ses victimes.

La colère exprime le refus de ce qui est. Je me souviens, nous étions fin juin ; Daniel, l'ami de Jean-François, venait tout juste de célébrer ses dix-huit ans. En compagnie de Jean-Sébastien, ils étaient allés jouer dans la cour de l'école puis s'étaient laissés comme d'habitude, espérant se revoir le lendemain. Daniel devait mourir dans la nuit.

Pourquoi lui ? Ce fut une perte considérable pour Jean-François. Ensemble, ils avaient formé des projets d'avenir. Ils étaient plus que deux frères, deux inséparables. Perte plus grande encore pour Lise et Robert. Comment peut-on faire cela à des parents ? «Rendez-nous notre fils !» auraient-ils eu raison de crier.

J'imagine que nous ne pouvons accepter un événement pareil sans nous mettre en colère contre Dieu, à qui nous prêtons, pour la circonstance, des pouvoirs de prédateur ou d'exterminateur ; contre la vie qui n'a pas tenu ses promesses ; contre nous-mêmes qui n'avons pas dit ou fait en temps voulu ce qu'il fallait et enfin, contre les autres, qui n'ont pas eu à vivre une perte aussi pénible.

« Et passent les jours,
et passent les semaines. »

Une saine colère est comme un orage : elle purifie l'air ; elle décharge les tensions et allège l'atmosphère. L'orage fait peu à peu place à la pluie, tout comme la colère fera place à la peine. Il faut savoir laisser couler les larmes et laisser le temps faire son œuvre. Un jour, les flaques d'eau seront absorbées par le soleil. Quand ? Personne ne peut le dire exactement.

Lise et Robert ont fait preuve d'un grand courage ; ils ont laissé passer l'orage et les pluies torrentielles. Ils ont toute mon admiration et ma reconnaissance pour l'accueil qu'ils ont réservé à mon fils Jean-François, avant et après le décès de Daniel. Ils ont été une deuxième famille pour lui, l'entourant de petites attentions, l'écoutant d'une oreille attentive, lui procurant un chaleureux réconfort. Jamais je n'ai été touchée par autant de bonté et de grandeur d'âme !

Certaines maladies ou, pire encore, la mort soudaine d'un être cher, s'apparentent souvent aux inondations, aux feux de forêt, aux ouragans, aux cyclones, aux tremblements de terre et à tous les autres cataclysmes qui s'abattent sans crier gare. Je pense à mon frère Jean-Paul et à mon amie Micheline qui, après plusieurs opérations plus traumatisantes les unes que les autres, ont dû être amputés d'une jambe ; mes pensées vont également à Carole et à Marc qui, après avoir préparé avec soin la venue de leur enfant, se sont retrouvés, après neuf mois, les mains vides, dans un quartier où les jeunes enfants abondent.

Notre seul pouvoir réside dans notre capacité à faire face aux dures réalités de la vie, en acceptant le fait que la vie est ce qu'elle est, indépendamment de notre volonté. Malheureusement, dans certaines circonstances de la vie, nous ne pouvons que contrôler notre perception des événements et non les événements eux-mêmes.

Je me souviens d'avoir lu *La voie du cœur* d'Arnauld Desjardins. Son maître d'alors lui disait : «Arnauld, le cœur est fait pour dire oui.» Si le cœur ne dit pas oui à la vie, oui à ce qui est, il oppose une résistance et la maladie s'installe. Le croyant dira : «Que ta volonté soit faite.» Ce sera sa façon de dire : «Je veux ce que veut la Vie.» Il n'abdique pas, il ne démissionne pas ; il harmonise, il accorde sa volonté à celle de l'Univers. S'il n'accepte pas de dire oui, il se condamne à être un ange déchu. Chutes et rechutes le guettent car le cœur n'est pas fait pour dire non.

Il est parfois bien difficile d'identifier et de déraciner nous-mêmes les souches. Nous devons à l'occasion demander de l'aide car, plus les racines sont profondes, plus le travail est long et pénible. N'hésitons pas à trouver quelqu'un de compétent qui nous aidera à trouver les racines du mal qui nous habite.

Enlever les roches

Sur un terrain qui n'a jamais été défriché, il y a des roches : des grosses et des petites. Qu'est-ce qu'une roche ? C'est une matière inerte collée à la terre, sans aucune motivation. Selon les principes de la physique, lorsqu'un objet est immobile, il le reste aussi longtemps qu'une force extérieure n'intervient pas. Une roche ne peut donc se mouvoir seule.

Inertie

La résistance qu'opposent les objets s'appelle inertie. Nous-mêmes, de par notre tempérament, nous opposons une résistance au mouvement et au changement. Les amorphes et les apathiques sont les plus touchés ; suivent les sentimentaux et les nerveux. L'inertie se caractérise par un manque d'activité, d'énergie et une absence d'initiative. Souvent, les amorphes se sentent lourds ; ils répugnent à travailler et à fournir le moindre effort. S'ils avaient à faire un jardin et à choisir sur les rayons d'une bibliothèque un livre pouvant leur être utile, ils choisiraient le titre : *Comment faire un jardin sans effort*. Pour sûr, cela n'existe pas !

Enlever cette roche de notre jardin ne sera pas de tout repos. Elle prend appui sur une santé fragile, une mauvaise alimentation ou une paresse naturelle, difficile à déraciner. Que fait-on avec les roches ? On les soulève, on les porte, on les transporte, on les prend en main, on les prend en charge ; parfois on les pousse, on les glisse ou on les roule. Pour les mettre en mouvement, pour vaincre cette inertie, il faut utiliser la force.

Les efforts pour vaincre la résistance des personnes, adultes ou enfants, sont des forces de motivations. Celles-ci peuvent être extrinsèques : système de récompenses ou de punitions, acceptation ou rejet, ou encore intrinsèques : besoins, désirs, aspirations, rêves. Nous verrons, dans les prochains chapitres quelles sont les forces qui serviront à contrer notre inertie naturelle. Nous apprendrons comment utiliser celles-ci pour avancer dans la poursuite des objectifs à atteindre.

TERGIVERSATION

Dans la résolution de problèmes, il y a lieu de voir les faits, d'identifier le problème et de juger de la situation, pour en arriver à une prise de décision et cela le plus rapidement possible. Pour ce faire, il faut une période de réflexion incluant souvent des temps d'hésitation, permettant de peser le pour et le contre, de jauger les avantages et les inconvénients, de prévoir les motivations et les contre-motivations. Gide disait : « Je tergiverse, et le temps fuit. » En mots plus simples : hésiter de façon maladive fait perdre un temps précieux. Décider n'est pas facile, je l'avoue ; passer à l'action l'est encore moins, si l'on considère notre résistance naturelle au mouvement et à l'effort. Tergiverser le plus longtemps possible permet de surseoir à la prise de décision et ajourne le moment de passer à l'action.

PROCRASTINATION, ATERMOIEMENT, AJOURNEMENT.

Tous ces mots sont synonymes. Ils sont autant de roches à enlever, si nous voulons réussir notre jardin. Ils reflètent notre tendance à fuir devant l'effort et à remettre au lendemain ce qui peut être fait aujourd'hui même. Nous nous donnons ou accordons des délais, nous ajournons une décision, nous remettons à un autre temps un travail à terminer. Nous nous dérobons devant l'action. Sénèque, percepteur de Néron, le disait de son temps :

> « Le plus grand gaspillage de la vie, c'est l'ajournement : car il nous fait refuser les jours qui s'offrent maintenant et nous dérobe le présent en nous promettant l'avenir. Le plus grand obstacle de la vie est l'attente qui espère demain et néglige aujourd'hui. »

Tous ces comportements dilatoires révèlent souvent des blocages, comme la peur d'être critiqué, la peur de l'échec et, on le croit difficilement, la peur de la réussite. Ils dénotent également une contre-motivation à entreprendre ou à poursuivre un projet ou un engagement. Toutes ces conduites sont clairement expliquées dans le livre du Dr Wayne W. Dyer, *Vos zones erronées*. Il nous dit pourquoi les gens persévèrent dans ces manœuvres de dérobades, puis il donne quelques recettes pour éliminer la tergiversation. Je vous conseille la lecture de ce livre.

Nous avons tous des roches dans notre jardin. Réfléchissons et faisons un petit examen de conscience. N'avons-nous jamais remis à demain les corvées telles que la lessive, le repassage? N'avons-nous jamais reporté et remis à une date ultérieure un rendez-vous chez le médecin ou le dentiste? N'avons-nous jamais essayé de surseoir à certaines obligations telles que: aller à la banque, payer les factures, rédiger notre rapport d'impôt, retourner un appel, visiter un vieil oncle, rédiger une lettre de remerciement. Dites, n'y a-t-il rien dans tout ceci qui nous rappelle une petite roche de notre jardin? Amusons-nous à faire notre liste personnelle. Utilisons la semaine, s'il le faut, pour en prendre conscience.

Éliminer les mauvaises herbes

Les mauvaises herbes symbolisent les mauvaises habitudes. Il n'y a pas de jardin sans mauvaises herbes. Certaines sont plus résistantes que d'autres, comme le chiendent. Les habitudes se forment par la répétition. Parfois, elles se forment consciemment et parfois, à notre insu. Elles peuvent être d'ordre physique, intellectuel, moral ou social. Certaines peuvent ralentir ou mettre en péril la poursuite d'un idéal, entre autres : l'alcool, le manque de ponctualité, l'absence d'ordre, l'*excusite*, la négligence, la susceptibilité et la dispersion mentale.

Certains terrains, caractères ou personnalités, favorisent l'éclosion d'habitudes bonnes ou mauvaises. La persévérance dans l'effort trouvera un milieu favorable chez le passionné et le flegmatique. L'inconstance sera en terrain de choix chez le nerveux. Certaines habitudes, bonnes ou mauvaises, sont plus ou moins conformes à la nature de chacun. D'autres se contractent par imitation et influence du milieu environnant.

Pour éviter de nous laisser envahir par les mauvaises herbes, nous devons semer des fines herbes en abondance. Ces fines herbes se nomment : civilité, ordre, persévérance, tempérance, ponctualité. Elles prendront vite le pas sur les mauvaises herbes. S'il est vrai qu'un homme vaut ce que valent ses habitudes, n'y a-t-il pas lieu de s'interroger sérieusement sur la nature des habitudes qui sont les nôtres ?

Défricher le terrain

Quelques graines à conserver :

❖ Les arbres symbolisent les idées erronées qui nous empêchent d'avoir une claire vision de la réalité. Ils constituent l'ensemble de nos croyances.

❖ Parmi ces arbres à couper, nous retrouvons les croyances suivantes :
— croire que justice doit nous être rendue ;
— exiger la perfection pour soi-même ou les autres ;
— croire que tout dépend de notre volonté ;
— compter sur la chance pour répondre à nos besoins ;
— croire en la durée et en la permanence des formes.

❖ Ces croyances et bien d'autres encore amènent des frustrations de toutes sortes et nous empêchent d'être heureux.

❖ Les souches sont des émotions, des sentiments et des attitudes désagréables suscités par des pensées erronées.

❖ Parmi ces souches, nous relevons : l'envie, la colère, le perfection-nisme, le sentiment d'impuissance et l'infantilisme, mais il y en a bien d'autres.

❖ Pour identifier les souches et les déraciner, une aide qualifiée peut s'avérer nécessaire. Il ne faut pas hésiter à faire appel à des personnes ressources.

❖ Les roches sont l'image de notre inertie et de nos comportements dilatoires. Elles révèlent souvent des contre-motivations à agir.

❖ Les roches ont pour noms : inertie, tergiversation, procrastination, atermoiement, ajournement, temporisation ou tout autre mot synonyme.

❖ Les mauvaises herbes ne sont pas autre chose que nos mauvaises habitudes. La culture de fines herbes peut s'avérer une manière efficace de réduire la prolifération des mauvaises herbes.

CHAPITRE III

Faire l'inventaire des outils

> «S'il n'aiguise jamais ses outils, l'artisan ne réussira jamais son œuvre.»
>
> CONFUCIUS

Se procurer de bons outils

Pour couper les arbres, déraciner les souches, enlever les roches et arracher les mauvaises herbes, nous avons besoin de bons outils. Mon ami Marcel m'a affirmé avoir fait, avec sa mère, plusieurs jardins en n'utilisant que la bêche, la pioche et le râteau. Pourtant, lors de mes lectures, dans l'inventaire des outils, il en était cité plusieurs tels que : la fourche, la binette, le sarcloir, le semoir, le rayonneur, le pulvérisateur et bien d'autres encore.

Doué d'une grande habileté manuelle et d'une ingéniosité remarquable, Marcel possède une énergie et une capacité de travail qui, à soixante-quatre ans, font l'envie d'hommes beaucoup plus jeunes. Père et grand-père plein d'attention pour ses enfants et ses petits-enfants, il est passé maître dans l'art de semer des liens familiaux.

Sa mère et lui avaient bien plus qu'une bêche, une pioche et un râteau ; ils avaient des qualités physiques, intellectuelles, émotionnelles et spirituelles les rendant capables de mener à bien leur projet.

La machine humaine : une merveilleuse création.

Notre corps est un tout-terrain qui peut se mouvoir sur le plan physique, intellectuel, émotif et spirituel.

Le plan physique :
plusieurs systèmes complexes.

Notre corps s'apparente à une machine capable de produire le mouvement. Cette machine sophistiquée a un moteur, notre cœur, qui est lui-même muni de valves et de pistons. Tout comme une machine, notre corps, pour produire de l'énergie, a besoin d'être alimenté en oxygène et en carburant. Notre cœur est en quelque sorte, un moteur à combustion interne. Nous brûlons ce que nous ingérons et ce que nous consommons devient pour nous source d'énergie.

Notre corps a un système d'accélération et de ralentissement. Il est muni d'un système d'engrenage appelé articulations ; d'un arbre de transmission identifié à la colonne vertébrale et à la moelle épinière ; de valves, de filtres et de tuyaux d'échappement. Le corps est donc un outil merveilleux. Il est bon d'en connaître le fonctionnement pour être en mesure de dépister et, si possible, remédier soi-même aux problèmes mineurs.

Section J

Cela est si complexe me direz-vous, je ne vois pas comment je pourrais y voir clair. Je vais vous donner un petit truc que j'ai utilisé pour en savoir un peu plus sur le fonctionnement du corps humain : faites preuve d'humilité et allez à la bibliothèque municipale ; choisissez, dans la section pour jeunes, les livres qui traitent de ce sujet. Je vous cite quelques titres : *Atlas du Corps Humain*, par M. Crocker ; *Le Corps Humain*, *comment il fonctionne* par Brian Ward et *Raconte-moi mon corps* du Dr Anne Townsend. Vous découvrirez dans ces rayons de vrais trésors, sources de renseignements inestimables et, qui plus est, faciles à ingérer.

UNE IMAGE VAUT MILLE MOTS

Pour les visuels, vous n'oublierez pas de sitôt cette illustration qui compare le fonctionnement du corps humain à une grande ville. Comme je l'ai fait moi-même, vous survolerez la « carte du corps » et son système routier. Vous y verrez les routes principales, telle des autoroutes, représentées par les artères et les veines puis les routes secondaires, identifiées aux réseaux capillaires. Vous vous souviendrez de ces petits camions bleus qui reviennent des organes et des muscles, remplis de déchets et qui retournent vers les poumons se purifier et faire le plein. Vous garderez en mémoire les rouges qui, remplis d'oxygène, refont en sens contraire et sur la voie opposée, le même parcours.

Vous ferez connaissance avec le système immunitaire, celui qui nous protège des bactéries et des virus causant la maladie. Dans un contexte simple, imagé, facilement accessible, sans pour autant être puéril, vous serez à même de recueillir toutes sortes d'informations. Les petites voitures de police blanches, ni plus ni moins que les globules blancs servant à la défense de l'organisme, vous parleront un langage beaucoup plus concret et amusant qu'un livre de médecine.

Vous pourrez à loisir continuer votre tour de ville, marcher le long du port, là où arrivent et repartent les marchandises recyclées ou non ; visiter les centres industriels, les usines de filtration et, pour terminer, je vous conseille un petit tour sur la colline parlementaire, le siège du cerveau.

SERVICES ET ENTRETIEN DES PIÈCES

Le corps est un outil très utile tant et aussi longtemps qu'il demeure en bonne condition. Des problèmes d'alimentation, que ce soit par suralimentation ou sous-alimentation, ou encore des problèmes de distribution, de combustion ou d'échappement, compromettent son rendement. Voilà pourquoi il doit être huilé, vérifié et bien entretenu.

Comment entretiendrons-nous cet outil précieux? La machine humaine doit être alimentée en carburant, source d'énergie. Un apport en lipides et en glucides, que nous retrouvons dans les produits tels que le beurre, la margarine et l'huile, le sucre, les pommes de terre, les céréales, le pain complet, sera tout indiqué. Pour reconstituer l'organisme et lui fournir des pièces de rechange, nous devons consommer des protéines; les viandes et les substituts en sont une excellente source. Les fibres contenues dans les légumes et les fruits, tout en fournissant un apport vitaminique, aideront à éliminer les déchets produits par l'organisme.

La pratique de sports tels que la marche, la natation, le jogging ou autres, accélère le rythme cardiaque; l'apport en oxygène se faisant plus grand, le sang circule davantage et l'élimination des déchets se fait plus rapidement. Sans exercice, la machine rouille; une surdose et l'épuisement survient, le moteur tombe en panne. À nous de savoir doser, nous rappelant sans cesse la loi du juste milieu.

Les moments de repos, les heures de sommeil, permettent au corps de récupérer. Notre cœur étant un moteur à deux temps, il nous faut modeler notre vie de façon à respecter son rythme. Tout comme dans la respiration, nous expirons et nous inspirons, les périodes de repos et les périodes de travail doivent également se vivre en alternance.

PROBLÈMES DE FABRICATION OU ACCIDENTS

Avez-vous quelques problèmes côté moteur ou circulatoire? Avez-vous été victimes d'infarctus ou de crises d'angine? Souffrez-vous d'arthrose ou d'arthrite? Avez-vous perdu un membre? Êtes-vous sourd, muet? S'il vous reste de l'énergie et de l'enthousiasme, si vous désirez vraiment faire un jardin, vous le pouvez. D'autres l'ont fait, pourquoi pas vous?

Le maire de Joliette, bien que non-voyant, M. Gilles Beaudry, a été réélu par acclamation de 1990 à 1994. Comme il le disait lui-même avec humour, lors de son passage à l'émission de Jean-Luc Mongrain: «Être non-voyant n'empêche pas d'être performant.» Bien sûr, il regrettait de ne pas voir le sourire d'un enfant ou d'une belle femme mais, disait-il sur un ton rieur, non sans une pointe de malice: «J'ai un avantage certain sur les autres maires, je ne vois pas les grimaces de mes conseillers!» Cet homme a pour maxime: «Bonne oreille et bon nez!» Il n'a pas besoin de voir pour se faire une opinion des gens qu'il côtoie; il les écoute, c'est tout. Il considère que tous et chacun ont dans la vie un handicap à surmonter et que, si ce défi n'est pas relevé, il est impossible à quiconque d'être heureux.

Laissez-moi vous parler de Sylvie L., une jeune femme dans la trentaine, qui est atteinte, depuis la naissance, de spina-bifida. Sylvie est native de Valcourt, mais ses parents sont venus s'installer à Granby alors qu'elle avait sept ans. Elle a fait tout son primaire et son secondaire dans des classes régulières.

Cela n'a pas été sans difficultés ni pour sa mère ni pour elle car, à l'époque, les classes d'intégration n'existaient pas et les écoles ne s'étaient pas dotées des moyens d'accommodation qui existent aujourd'hui. Il en a fallu du courage et de la détermination pour vaincre les résistances ! Puis Sylvie a poursuivi ses études à l'Université d'Ottawa et terminé un premier baccalauréat ès Arts puis un deuxième en sciences sociales, spécialisation en sociologie. Après avoir travaillé quelques années au ministère de l'Environnement à Ottawa, Sylvie est revenue vivre à Granby auprès des siens.

Dans la vie de tous les jours, pour ce qui est des courtes distances, elle se déplace à l'aide de ses béquilles ; au travail, comme la majorité des bureaucrates, elle utilise un fauteuil roulant mais celui-ci est beaucoup plus performant ! Elle se veut et elle l'est dans les faits, complètement autonome : elle conduit son automobile, habite au deuxième et travaille comme fonctionnaire au Centre d'emploi du Canada. Elle ne s'apitoie pas sur son sort. Elle a de nombreux amis, autant garçons que filles ; elle les reçoit et leur rend visite régulièrement. C'est une fille fort occupée.

L'hiver dernier, elle a été invitée par Peter Treacy, lui-même amputé d'une jambe, à participer à un programme de ski adapté, d'une durée de huit semaines. Elle a accepté avec enthousiasme, désireuse de se dépasser dans un domaine qui semblait jusqu'ici inaccessible pour elle. Elle a aimé dévaler les côtes enneigées d'Owl's Head, comme elle apprécie se baigner, maintenant qu'elle a surmonté la peur bleue qu'elle avait de l'eau.

Dernièrement, elle s'est rendue à Québec, en automobile, accompagnée d'une amie, participer aux festivités organisées pour Les Médiévales. S'inspirant des livres de Jeanne Bourin, elle avait créé un costume d'époque : voile et bliaud et c'est ainsi que, déguisée en gente dame, elle déambulait dans son fauteuil roulant, dans les rues du Vieux Québec.

Lorsqu'elle parle d'elle-même, elle dit : « Je suis bien dans ma peau et en paix avec mon Créateur. » Son objectif : laisser la planète meilleure qu'elle ne l'a trouvée à son arrivée. C'est pourquoi elle se soucie de tout ce qui touche l'environnement. Elle s'intéresse et travaille à faire respecter les droits des moins bien nantis. Un peu poltronne, ainsi aime-t-elle se décrire, elle veut faire changer les choses et elle est prête à parler haut et fort pour se faire entendre. Pour ceux qui se font sourds ou durs d'oreille, elle n'hésite pas à leur envoyer par courrier un message qui se veut clair et net. Elle croit en la réincarnation et dit qu'elle est sur terre pour faire ses classes et qu'elle ne tient pas à les répéter maintes et maintes fois. Aussi, se donne-t-elle des coups de pieds pour faire courageusement ses devoirs et apprendre les difficiles leçons de la vie.

Que dire de cette fille, sinon que, grâce à sa détermination, sa ténacité, son courage et son enthousiasme, elle a su semer, cultiver et récolter une moisson riche et abondante et cela malgré un handicap physique qui semblerait, pour la plupart d'entre nous, un obstacle insurmontable. Elle est un modèle pour tous ceux et celles qui, face à l'ampleur du défi, auraient le goût de démissionner. Non seulement Sylvie n'inspire pas la pitié, elle ne le voudrait pas d'ailleurs, mais mis à part son handicap, cette jeune femme pleine de dynamisme et d'énergie, nous fait bougrement envie.

Que nous soyons en pleine possession de nos moyens ou non, il est souhaitable, voire même indispensable, de déléguer une partie des travaux. Déléguer est la clé du savoir-faire. Servons-nous de cette clé pour ouvrir les portes qui nous donneront accès à la réalisation de nos rêves et de nos ambitions. Si votre potentiel physique est vraiment déficitaire et que vous ne pouvez absolument pas vous véhiculer sur le plan physique, déléguez à d'autres le soin de s'occuper de ce plan et changez de niveau ; déplacez-vous sur le plan mental ; votre cerveau comblera les manques.

Le plan mental : le cerveau, siège de l'intelligence.

Notre cerveau est un organe ultra-perfectionné. Pour atteindre ce haut degré de performance, il lui a fallu des milliards d'années d'évolution. Parmi les êtres vivants, l'homme est le seul à avoir un cerveau aussi performant.

Le cerveau est composé de milliards de cellules nerveuses appelées neurones. Il est relié au reste du corps par les nerfs. Un réseau descend à travers la colonne vertébrale. Les nerfs occupent toutes les parties du corps, même les os.

Notre cerveau peut être comparable à un ordinateur. Il reçoit des nerfs sensitifs les informations concernant le monde extérieur ; il les enregistre et les traite, puis les redonne sous forme d'ordres aux nerfs moteurs qui font agir les muscles.

Le cerveau est beaucoup plus performant qu'un ordinateur. Il analyse, interprète les données ; il décide et commande aux différentes cellules de notre corps. Notre cerveau pense. Si nous avons un cerveau qui n'a pas été endommagé à la naissance ou par suite d'un accident, nous sommes capables d'acquérir des connaissances et de développer des habiletés intellectuelles.

Les sens : l'ouïe, l'odorat, la vue, le toucher et le goût, sont les premières portes de la connaissance. Les nerfs sensitifs transmettent les informations reçues au cerveau qui les garde en mémoire et nous les retransmet lorsque nous en avons besoin.

GAUCHE DROITE, GAUCHE DROITE.

Le cerveau est divisé en deux hémisphères : le gauche et le droit. Dans l'hémisphère gauche se situe notre capacité à rationnaliser, juger, analyser et synthétiser. Dans l'hémisphère droit se logent les informations relevées par nos perceptions sensorielles, notre imagination et notre esprit créatif. L'hémisphère gauche fait appel à l'intelligence pragmatique, rationnelle ; l'hémisphère droit à l'intuition.

Le monde scientifique reconnaît de plus en plus l'importance de l'intuition comme forme d'intelligence. De même que pour la marche ou la course, la jambe gauche doit faire équipe avec la droite, l'intelligence rationnelle doit également travailler de concert avec l'intuition. Des exemples des plus banals, tirés de la vie quotidienne, nous démontrent la nature indissociable de cette complémentarité : déjà au petit déjeuner, nous tenons la tranche de pain d'une main et nous la tartinons de l'autre ; d'une main, nous tenons le pot de confiture et de l'autre, nous dévissons le couvercle ; et de une, nous tenons la tasse, de l'autre la cafetière. Mouvements réflexes, automatismes propres à une équipe bien rodée ; par voie de conséquence, la perte d'un membre dissout l'équipe et déséquilibre tout le système.

L'hémisphère gauche représente notre côté masculin, le droit, notre côté féminin. Pour créer, enfanter, accoucher au niveau de l'esprit, il faut qu'il y ait union, fusion du masculin et du féminin, raison et intuition.

MATIÈRES À PENSER

Notre cerveau est psycho-matière. Comme nous le faisons à notre corps, nous devons lui fournir de la nourriture substantielle, de l'air, de l'exercice et du repos. Il requiert, en plus, des aliments d'un autre ordre : il aime se nourrir d'idées ; voilà pourquoi, nous devons lui donner « matières à penser ».

Le cerveau a faim et soif de connaissances. Les bibliothèques, les librairies, les écoles, les salles de conférence, les musées, les salles de cinéma sont autant de marchés d'alimentation pouvant approvisionner et les cerveaux gourmands et les fins gourmets.

Il n'est jamais trop tard pour retourner aux études dans un domaine qui nous tient à cœur. L'université du troisième âge existe. De façon moins formelle, il est possible d'être autodidacte. Les bibliothèques fourmillent de livres. Elles sont un véritable réservoir de connaissances les plus diverses. Nous pouvons nous y installer confortablement et y passer des heures. De nos jours, des conférences se donnent partout, dans toutes les villes. Certaines organisations à but non lucratif offrent les billets à prix modique.

Je ne vous incite pas à devenir des encyclopédies ambulantes. Pourquoi irions-nous encombrer notre ordinateur personnel, alors que toutes ces connaissances sont déjà « stockées » dans les bibliothèques auxquelles nous pouvons nous référer en tout temps ?

Nous pensons habituellement avoir besoin de nombreux outils pour réussir le jardin de la vie. Les dernières décennies ont semé le doute sur notre capacité à gravir l'échelle du succès sans bagage universitaire. Ce doute a fait un immense trou dans l'estime de soi et nos jeunes, maîtrise en main, se considèrent comme démunis et se demandent encore s'ils ont ce qu'il faut pour faire face aux exigences du milieu.

UN RÉSEAU INFORMATISÉ

Vous connaissez sans doute le magnat de l'automobile, Henry Ford. Il ne possédait qu'une troisième année. Pour le ridiculiser, on l'invita à une émission de télévision et on commença à lui poser des questions mettant à l'épreuve son niveau de connaissances et de culture personnelle. À celui qui l'interrogeait, croyant le prendre au piège et le rabaisser aux yeux des spectateurs, il répondit à la question posée : « Je ne sais peut-être pas répondre à votre question, mais je pourrais trouver en moins de cinq minutes, un homme qui pourrait y répondre. »

Henry Ford n'était pas une encyclopédie mais il était un homme intelligent. Il savait localiser les informations pertinentes à ses besoins. Il n'avait pas réponse à tout, il n'avait ni baccalauréat, ni maîtrise, mais il s'était entouré d'hommes compétents chez qui il puisait les connaissances et l'information nécessaires pour mener à bien ses projets.

JOGGING DE TÊTE

Dans ce monde où l'information est si facilement accessible, quelle est l'utilité de lire, d'étudier, d'apprendre ? Les renseignements que nous captons au cours de nos lectures nous servent de carburant pour actionner les cellules grises de notre cerveau. À partir des données reçues, nous sélectionnons les faits qui nous intéressent ; nous faisons un triage ; nous portons un jugement de valeur ; nous décidons d'accepter ou de rejeter et nous passons à l'action.

Tout ce travail est réalisé par le cerveau qui s'apparente, dans sa façon d'opérer, au système digestif. Nous y reconnaissons les mêmes étapes : ingestion, broyage, triage, assimilation, digestion, conservation et élimination. Tout comme le sang est le véhicule de la nourriture, la pensée sert de support à l'intelligence. Un peu de jogging et le sang afflue dans les muscles ; un peu de jogging de tête et le cerveau retrouve sa forme.

L'INTUITION

Qu'en est-il de l'intuition ? Selon Einstein : « La seule chose qui compte, c'est l'intuition. Elle est cette capacité de voir l'invisible, d'entendre le non-dit et de penser l'impensable. » L'intuition, par ses perceptions subtiles, rendrait donc accessibles certaines connaissances qui ne le seraient pas par la voie de l'intelligence linéaire.

BRANCHONS-NOUS

L'intuition est souvent associée à un éclair de génie, à un flash, à une idée lumineuse, à une force venue d'ailleurs, ou à l'inspiration. Comment fonctionne l'intuition ? J'aime imaginer que son fonctionnement ressemble à celui d'une télévision. Vous la branchez et vous pouvez prendre un nombre restreint de canaux. Vous vous abonnez au câble, voilà que la qualité de l'image est nettement supérieure, en plus de donner accès à un nombre accru de réseaux. Le seul fait de vous être branchés et d'avoir accepté d'en payer le prix vous permet d'exploiter davantage votre poste de télévision.

Parfois, il me plaît de comparer l'intuition à l'information reçue en provenance d'un ordinateur central. Branchée sur l'ordinateur central, je reçois en prime les données dont j'ai besoin pour résoudre mon problème. Contrairement aux ordinateurs ordinaires, je ne peux m'immiscer dans l'ordinateur central même en ayant le code secret. C'est l'ordinateur central, qui, conscient de mon problème, de mon questionnement et de mon incapacité à trouver la réponse adéquate, me fait don de l'information. C'est pourquoi, lorsque je parle de l'intuition, j'en parle comme d'un cadeau du ciel, comme d'une grâce.

EURÊKA

Dans son livre, *Vers une nouvelle forme d'intelligence*, Jean Bouchard d'Orval nous donne les caractères de la manifestation intuitive. Il écrit : « La manifestation intuitive nous livre la vérité en bloc, d'un seul coup. » Il cite le cas de Mozart. On raconte qu'en jouant aux quilles, les thèmes d'un trio lui vinrent spontanément à l'esprit et cela jusqu'aux moindres détails. Il n'eut qu'à l'écrire en rentrant chez lui.

Un autre caractère commun à la manifestation directe de l'intelligence intuitive réside dans le sentiment de certitude qui l'accompagne. Je cite Jean Bouchard d'Orval : « *L'intuition véritable ne laisse place à aucun doute*. » Il ajoute à cela comme qualités communes : la soudaineté et la surprise. En train de prendre un bain, Archimède, célèbre géomètre et physicien de Syracuse (287-212 av. J.-C.) s'écrie : « Eurêka ! » ce qui se traduit paraît-il par : « J'ai trouvé ! ». Il venait de trouver le principe qui porte son nom encore aujourd'hui, le principe d'Archimède qui s'énonce comme suit : « Tout corps plongé dans un fluide, reçoit une poussée verticale dirigée de bas en haut et égale au poids du fluide déplacé par le corps. »

Point n'est besoin de s'appeler Einstein, Bach ou Mozart pour être inspiré. Nous sommes tous inspirés à nos heures. Ne dit-on pas que la nuit porte conseil ; l'heure du lever, les instants passés sous la douche, les balades en automobile, les marches sous la pluie sont autant de moments propices à la manifestation intuitive. Il s'agit d'être branché sur l'intelligence universelle, de porter en soi un questionnement et de savoir que la réponse existe quelque part et qu'elle nous sera donnée en temps voulu.

L'IMAGERIE MENTALE

L'imagerie mentale, ou technique de visualisation, permet à l'intelligence intuitive de faire surface. Elle a pour effet de provoquer et de faire naître des images. La technique de visualisation prend la forme d'une activité guidée, orientée vers l'évocation et la construction de représentations visuelles.

C'est un processus de libération, d'accouchement; accouchement non seulement de l'image mais également et surtout de soi. Les prises de conscience faites au cours des visualisations, suivies souvent d'un écrit, d'un dessin ou d'une communication libre et spontanée, nous amènent à une meilleure connaissance de soi.

Aujourd'hui, on utilise cette technique dans tous les domaines : dans les milieux sportifs, dans la sphère médicale, dans le monde de l'éducation. Dans le domaine médical, les exercices de visualisation peuvent aider l'individu à modifier des structures pathologiques, tant au niveau physique que psychologique, le rendant apte à gérer son capital santé. Dans le domaine des arts, l'atmosphère d'ouverture et de réceptivité dans laquelle baigne le participant invite l'énergie créatrice à se manifester. En éducation, on croit que l'imagerie mentale peut aider à la croissance intellectuelle et à la réussite scolaire.

Pour se familiariser avec cette technique, plusieurs livres existent sur le marché. J'utilise, en ce qui me concerne, les livres suivants : *Visualisation, apprentissage et conscience* de Beverly-Colleene Galyean et *Psychosynthèse et éducation* de Diana Withmore. Dans ces deux livres, vous trouverez décrits dans tous les détails le processus de visualisation, les principes à respecter et des visualisations toutes bien construites, utilisant des imageries cognitives, affectives, symboliques et trans-personnelles. Pour les plus jeunes, Eva D. Fugitt a écrit *C'est lui qui a commencé le premier*. Ce livre renferme plusieurs exercices de visualisation pouvant favoriser le développement de l'autonomie, de la volonté et de l'estime de soi chez l'enfant.

COURT-CIRCUIT

Un système déficitaire, chez l'homme ou chez la femme, peut retarder ou rendre impossible sur le plan physique la conception d'un enfant. Le système cérébral rencontre égale-ment ses limites et il arrive que, suite à une malformation congénitale, à un accident ou à un stress, le cerveau ne puisse répondre adéquatement à notre demande. Qu'arrive-t-il à ceux ou à celles qui ne peuvent recevoir du cerveau toute la collaboration dont ils ont besoin pour travailler au plan mental ? Ces personnes peuvent-elles faire un jardin et profiter d'une moisson abondante ? Bien sûr que oui, mais sur un autre plan.

J'observe, depuis des années, un homme d'une trentaine d'années qui, chaque jour, beau temps mauvais temps, fait du service à l'auto pour une grande chaîne d'alimentation. Il transporte les sacs de provisions pour les clients et les dépose soigneusement dans le coffre arrière. Il fait son travail avec entrain, le sourire aux lèvres ; il émet parfois quelques commen-taires concernant la température puis, aimablement, avant de se retirer, il souhaite à chacun et chacune une bonne journée.

Cet homme est heureux, cela se voit. Il gagne bien sa vie ; ses besoins sont peu nombreux ; il est autonome et responsable. Son patron, ses compagnons et compagnes de travail ainsi que les clients l'apprécient car il est ponctuel, stable, constant, pacifique et poli.

Les personnes ayant un handicap intellectuel ne sont pas nécessairement démunies sur les autres plans. Elles sont souvent très habiles manuellement et leur qualité de travail se compare avantageusement à celle des autres, mieux nanties intellectuellement.

Au plan émotionnel, elles ont souvent une propension au bonheur qui nous fait envie. À ce propos, le cinéma des dernières années, à travers certains films, a fait découvrir au grand public le côté attachant des individus ayant un handicap intellectuel et la possibilité qu'ont ces derniers de se réaliser pleinement dans un milieu qui favorise l'épanouissement de leur potentiel et leur intégration dans la société. Souvenez-vous du film *Tim* réalisé d'après le best-seller mondial de Colleen McCullough. Une femme de quarante ans, professionnelle, s'éprend de son jardinier, un homme de vingt-quatre ans, déficient mental. Il y a de quoi surprendre et scandaliser tous ceux et celles qui ont vent de l'intrigue.

Un autre film sorti récemment, *Forrest Gump,* réalisé par Robert Zemeckis, a fait l'unanimité. Tom Hanks rend sympathique la personne atteinte de déficience légère et nous la fait voir sous un jour favorable. Ce film nous raconte comment, à sa manière bien personnelle, un jeune homme réussit à faire, envers et contre tous, le jardin de sa vie et à se nourrir du fruit de sa récolte.

Deux films qui ne sont pas très réalistes, me direz-vous. Qui sait, au contraire, s'ils n'ouvrent pas la porte à une autre façon, beaucoup plus respectueuse et combien plus humaine, de percevoir, de voir et d'entrer en contact avec la personne ayant une déficience mentale. Vœu pieux, et pourquoi pas ?

Le plan émotif :
un terrain humide et accidenté.

Lorsque nous nous avançons sur le plan émotif, nous nous véhiculons sur un terrain très accidenté, fait de hauts et de bas. Comme nous l'avons constaté en défrichant le terrain, nos émotions et nos sentiments ont pour origine nos pensées. Il faut donc s'alimenter de pensées positives, côtoyer des personnes dynamiques, enthousiastes, actives, vivantes, courageuses, qui ont une image positive d'elles-mêmes, de vous et du monde environnant. Le *Voleur de hache*, un conte chinois tiré du livre *Sagesse de la Chine* publié par Marabout Université, se révèle, à mon avis, être une brillante application de cet énoncé.

> *Un homme ne retrouvait pas sa hache. Il soupçonnait le fils de son voisin de la lui avoir prise, et se mit à l'observer. Son allure était, typiquement, celle d'un voleur de hache. Son visage était celui d'un voleur de hache. Les paroles qu'il prononçait ne pouvaient être que des paroles de voleur de hache. Toutes ses attitudes et comportements trahissaient l'homme qui a volé une hache.*

> *Mais, très inopinément, en remuant la terre, l'homme retrouva soudain sa hache.*

> *Lorsque, le lendemain, il regarda de nouveau le fils de son voisin, celui-ci ne présentait rien, ni dans l'allure, ni dans l'attitude, ni dans le comportement, qui évoquât un voleur de hache.*

Le pouvoir de gérer nos émotions réside dans notre capacité à discipliner nos pensées. Une visite que l'on qualifie d'inopportune, une conversation que l'on juge déprimante, une nouvelle que l'on trouve triste, une soirée que l'on taxe de longue et ennuyeuse, autant d'événements de la vie quotidienne qui ne servent que d'occasions pouvant perturber notre monde intérieur. Une visite, une nouvelle, une soirée, une conversation ne sont pas, les unes comme les autres, matière à nous bouleverser ; ce sont les jugements portés sur elles, les pensées que nous entretenons à leur sujet qui produisent en nous des émotions et des sentiments réducteurs d'énergie.

« CHANGE DE DISQUE »

Les amis nous disent : « N'y pense plus. Pense à autre chose. » Facile à dire mais combien difficile à faire. Victor Dishy, homme d'affaires américain et promoteur d'un programme de mise en forme psychologique, nous invite dans son livre *Comment rester au top de vos performances intellectuelles,* à faire appel à des symboles qui serviront de catalyseurs dans les moments difficiles à haute teneur émotive.

L'image d'un champ de cailloux lui rappelle que, face à un problème, il n'est pas limité à une ou deux options mais que tout un éventail de solutions existe pour celui qui voit large et grand. Une clochette interne vient lui conseiller d'être à l'écoute de son intuition. Une goutte de colle sur les lèvres suffit à éviter les mots regrettables et lui fait souvenir que, parfois, le silence est d'or.

Il nous conseille d'utiliser nos propres symboles. Cette clochette utilisée par Victor Dishy m'a fait remonter très loin dans le temps. Jean-François avait cinq ans et Sébastien, trois. Assis sagement dans le salon, nous écoutions, en regardant les images, leur livre-cassette préféré : *L'habit de l'empereur.*

Avant que ne commence l'histoire, il y avait toujours cet avertissement qui annonçait le début du conte : « Quand vous entendrez la fée clochette, il sera temps pour vous de tourner la page. » Désormais, je me sers de ce symbole. Quand des pensées négatives, nostalgiques, déprimantes s'inscrivent dans le livre de ma vie, j'écoute ma fée clochette et rapidement je sais qu'il est temps de tourner la page.

Ma mère aimait nous acheter régulièrement des tablettes magiques. Vous en avez sûrement déjà utilisées ou procurées à vos enfants. Ce sont des petits tableaux recouverts d'une feuille en celluloïd, sur laquelle on écrit à l'aide d'un crayon de bois. Pour effacer, il n'y a qu'à soulever la feuille et le tour est joué. Ce qui est écrit ou dessiné disparaît comme par enchantement.

La tablette magique a fait place à l'ordinateur : lorsque je veux effacer de ma mémoire des paroles désagréables et blessantes ou le souvenir d'événements qui assombrissent ma journée, dans un premier temps, j'identifie par un large trait noir ce que je veux voir disparaître ; dans un deuxième temps, je pointe les ciseaux qui se trouvent dans le menu édition et, dans un troisième temps, malicieusement, du bout du doigt, je souris et je coupe ! Et voilà, le tour est joué.

LES YEUX DU CŒUR

Nous connaissons tous cette très belle chanson de Jerry Boulet. Comment en oublier le refrain ?

Aujourd'hui je vois la vie
Avec les yeux du cœur ;
J'suis plus sensible à l'infini
À tout c'qui s'passe à l'intérieur
Aujourd'hui je vois la vie
Avec les yeux du cœur
Les yeux du cœur...

Comme le dit la chanson, la perception sensorielle s'affine, se raffine et s'intériorise au niveau du cœur. Il y a bien des façons de *voir*. Je vois les caractères de ce livre : c'est mon œil et tout le système optique composé de l'iris, de la pupille, de la cornée, de la rétine et des nerfs optiques qui me permettent de capter l'image. Vous me dites : « Je vois où vous voulez en venir en abordant ce sujet avec moi » ; vous avez une perception intellectuelle ; vous voyez mentalement. Vous voyez la vie en rose ou en noir, selon que vous êtes optimistes ou pessimistes ; vous avez une vision émotive de la vie. Voir avec les yeux du cœur, c'est voir l'invisible, c'est regarder au-delà des apparences ; c'est voir l'essentiel, c'est-à-dire l'essence. Antoine de Saint-Exupéry dans *Le Petit Prince* fait dire à son renard :

> « *On ne voit bien qu'avec le cœur*
> *L'essentiel est invisible pour les yeux.* »

Si nous passons rapidement à un autre sens tel que l'ouïe, nous verrons que le même phénomène de raffinement se produit. Contrairement à la farine et au sucre qui, en se raffinant, perdent leur valeur nutritive, les sens raffinés qualifient leurs perceptions.

Le plan spirituel :
l'invisible manifesté.

Nous sommes à la fois matière et esprit. Notre esprit se manifeste dans la matière. L'esprit est en quelque sorte le principe créateur, le feu, l'étincelle qui fait jaillir la lumière, le maître d'œuvre ; c'est, en fin de compte, la génératrice du corps.

Pas plus que je ne peux voir le vent, je ne peux voir l'esprit. Lorsque je vois mes stores verticaux s'entrechoquer et se tordre, je sais que le vent est à ma porte. Ainsi en est-il de l'esprit ; il se manifeste de multiples façons.

Alors que l'intelligence rationnelle analyse, divise, sépare, fragmente, dissèque, complexifie, l'esprit unifie, simplifie pour ne faire qu'un. Se véhiculer dans le plan spirituel, c'est rechercher l'unité, l'amour, la paix en soi, d'abord dans ses propres cellules puis dans la cellule familiale, sociale, humaine et planétaire.

La méditation

Nous entendons souvent parler de méditation et nous confondons souvent ce terme avec d'autres mots tels que concentration, réflexion ou visualisation, ce qu'elle n'est pas. L'acte de réfléchir, de se concentrer est de l'ordre du mental. Le mental n'est pas un bon canal pour l'esprit : il nous leurre, nous aveugle, nous amène sournoisement dans un labyrinthe de pensées confuses, nous noie dans des eaux troubles ou nous enfonce profondément dans des sables mouvants. Souvenez-vous de ces journées au cours desquelles vous avez été submergés d'images, d'idées de tout acabit, s'enchevêtrant les unes aux autres.

J'ai vécu cette expérience désagréable plusieurs fois. Cela dégénérait en fortes migraines. Fille à haute tension, j'étais branchée sur tout et sur tous. Dans ma tête se bousculaient à une vitesse vertigineuse l'image de ma mère et de sa maladie, l'image de mon frère et de ses malheurs, les besoins de mes enfants, mon inquiétude à leur sujet ; se surajoutaient tout à la fois mes propres désirs, mes intérêts, mes doutes, mes peurs, puis, pêle-mêle, la liste des livres que je n'avais pas encore lus, les appels téléphoniques à retourner, les visites à rendre.

J'essayais sans succès de me concentrer, de réfléchir à tous les sujets à la fois. C'était la cacophonie, le chaos mental. Les lignes de mon système nerveux surchargées, il n'en fallait pas plus pour que tout saute.

La méditation aide à prévenir les surcharges. Elle libère le cerveau des pensées parasites. Elle nous invite à respirer et à expirer au rythme de l'univers. La méditation nous amène au centre de soi. Comme le fœtus dans le ventre de sa mère, nous nous sentons à l'abri du monde extérieur, protégés ; sécures nous restons là éveillés, liés par le cordon qui nous relie à l'univers.

En méditant, nous apprenons à apprécier le silence intérieur. Bien en sécurité dans notre chambre secrète, après avoir débranché le téléphone et trouvé un fauteuil confortable, il est bon de se laisser expirer et inspirer. Être attentif à sa respiration, c'est être présent au rythme de la vie en nous. Se donner le droit d'écouter le bruissement des feuilles dans le vent et le gazouillement des oiseaux, sans pour autant porter de jugements. Regarder les nuages se déplacer sans se dire intérieurement : «comme c'est beau, cela me fait penser à ....», non, ce n'est pas facile !

Des pensées parasites viennent sournoisement, à notre insu, envahir notre écran mental et troubler notre calme et notre sérénité. Cette voix qui nous est familière revient à la charge ; nous nous entendons dire : «Après la méditation, je vais appeler J. S. J'aurais dû partir un lavage avant de m'installer. Il faudrait bien que je place ma commande chez Sears.» Puis la voix s'éteint ; alors des images de linge sale traînant près de la lessiveuse surgissent de manière impromptue. La vision claire et précise du congélateur qui n'a pas été dégivré depuis deux mois refroidit notre enthousiasme. L'idée de consacrer un temps si précieux à ne rien faire nous apparaît plus que jamais un luxe. La tentation est forte de tout laisser tomber.

ÊTRE ET LAISSER ÊTRE

Dans la méditation, il faut laisser les images être et les mots se faire entendre sans pour autant se prêter à leur jeu. Qu'à cela ne tienne : comme des nuages que le vent dissipe doucement, ces pensées, ces images mentales s'évanouiront si nous ne leur accordons pas une attention soutenue. Ne pas essayer de les retenir ; ne pas les chasser non plus ; les laisser passer comme une volée d'oiseaux, sans leur faire violence, les regardant disparaître peu à peu.

Alors qu'un jugement d'appréciation ou de dépréciation fait de moi un être dissocié, l'absence de tout jugement me rend un avec l'univers. La paix, la sérénité tant recherchée s'installent ; je me sens une personne unifiée, je me sens bien. Quand nous lisons l'Évangile, ces paroles de Jésus reviennent à maintes reprises : « Que tous soient un. Mon Père et moi nous sommes un. » Il fait un, même avec le pécheur et il invite fortement les personnes qui l'entourent à faire de même. Souvenez-vous de la femme adultère :

> Les scribes et les pharisiens amenèrent à Jésus une femme surprise en adultère ; après l'avoir placée au milieu d'eux, ils dirent à Jésus : « Enseignant, cette femme a été prise en flagrant délit d'adultère. Dans la Loi, Moïse nous a prescrit de lapider les femmes de cette espèce. Toi donc, que dis-tu ? » Naturellement, ils disaient cela pour le mettre à l'épreuve, afin d'avoir sujet de l'accuser. Mais Jésus se pencha et se mit à écrire du doigt sur le sol. Comme ils persistaient à l'interroger, il se redressa et leur dit : « Que celui d'entre vous qui est sans péché soit le premier à lui jeter la

pierre !» Et se penchant de nouveau, il continua d'écrire
sur le sol. Mais ceux qui entendirent cela sortirent l'un
après l'autre, à commencer par les aînés.

Pourquoi l'Évangile dit-il : «...à commencer par les aînés » ?
Vous le devinez comme moi : eux qui avançaient en âge avaient
acquis sans doute une plus grande expérience du péché. Ce
récit nous montre la grande miséricorde de Jésus mais nous
laisse deviner une grande vérité : nous ne pouvons nous dissocier
les uns des autres ; nous sommes tous solidaires, dans le bien
comme dans le mal, pour le meilleur et pour le pire. Les tenants
de l'environnement le savent bien.

COMMUNIQUER AVEC LE CONCEPTEUR

La prière est un bon moyen de nous brancher sur le canal
universel. Quand j'étais jeune, nous apprenions qu'il y avait
plusieurs sortes de prières : prières de demande, de remerciement, de louange ou d'adoration. Toutes formes de prières
sont bonnes car toutes nous relient à l'universel. La prière
élève notre cœur, nos vibrations ; elle crée des liens spirituels.
La prière de silence diffère des autres en ce qu'elle fait de
l'émetteur un participant silencieux, un récepteur attentif,
non à ses besoins et à ses désirs, mais uniquement à la présence
en lui. Elle s'apparente à la prière de Samuel qui, croyant être
appelé dans son sommeil par le prophète Élie, va vers ce
dernier et lui dit : «Vous m'avez appelé maître ?» Par trois
fois, il s'entendra appeler par son nom et par trois fois, il ira
trouver Élie. Suivant les conseils du prophète, à l'appel suivant,
il dit : «Parle Seigneur, ton serviteur écoute.» Dès lors, Samuel
devient tout accueil, toute réceptivité, toute écoute. Le
Concepteur peut alors se dire et se manifester.

Faire l'inventaire des outils

Quelques graines à conserver :

❖ Notre corps est un tout-terrain qui peut se mouvoir sur le plan physique, mental, émotif et spirituel.

❖ Il est utile de connaître le fonctionnement de cette machine merveilleuse. Les soins apportés améliorent et prolongent son rendement.

❖ Notre corps est muni d'un cerveau performant, fruit de milliards d'années d'évolution.

❖ L'hémisphère gauche du cerveau est le siège de la pensée rationnelle ; l'hémisphère droit, celui de la pensée intuitive. Tous deux doivent travailler conjointement et harmonieusement.

❖ Notre cerveau étant psycho-matière, il doit être alimenté de nourritures à la fois grossières et subtiles.

❖ L'imagerie mentale permet à l'intelligence intuitive de faire surface.

❖ Le raffinement des sens nous amène à voir avec les yeux du cœur, comme le dit Jerry Boulet.

❖ La maîtrise de son tout-terrain s'obtient par le contact permanent avec son Concepteur.

CHAPITRE IV

Identifier les besoins _____

« Qui vit sobrement est aisément satisfait. »
TCHOUANG TSEU

POUR FAIRE UN JARDIN : QUATRE ÉLÉMENTS ESSENTIELS.

Pour réussir un jardin, l'apport des éléments terre, eau, air et soleil s'avère essentiel.

La terre :
besoin de sécurité et d'appartenance.

Dans le premier chapitre, alors que nous faisions l'étude du terrain, nous avons compris qu'il existait plusieurs variétés de sols. Nous les avons comparées à nos différentes personnalités.

Pour faire un jardin, un bon terreau est indispensable. Il faut, au besoin, l'enrichir, le fertiliser, lui fournir des éléments nutritifs tels que l'azote, le phosphore, le potassium, le calcium, le magnésium et les oligo-éléments. Un mélange riche nourrit les racines et leur procure vigueur et énergie.

Lorsque le sol n'est pas au mieux, il faut modifier sa composition. Un terrain argileux sera amendé par un apport en sable ; une combinaison sableuse se fortifiera par un ajout d'argile ou de marne, contenant une forte proportion de calcaire. De même, un amendement humifère composé d'humus ou de mousse de tourbe sera bienvenu dans une composante légère et poreuse. Dans une terre noire, un ajout calcaire serait des plus bénéfique. Si le milieu est trop friable, ou s'il ne contient que du sable et de la roche, il y aura déchaussement au niveau des racines ; les plants ne pourront pas résister aux vents et aux pluies diluviennes ; ils seront déracinés. On ne saurait sous-estimer l'importance d'un bon terreau. En plus de fournir aux racines les éléments nutritifs dont la plante a besoin, il la soutient tout au cours de sa croissance.

La terre que nous avons reçue en héritage, notre person-nalité, a besoin d'être fortifiée, assouplie, nourrie, fertilisée, enrichie. Elle a besoin d'être amendée au même titre que le sol. Tout comme lui, nous devons composer avec les propriétés naturelles déjà existantes et combler dans la mesure du possible les carences.

Nos racines

Les racines servent d'ancrage ; elles assurent à la plante la stabilité en cas d'agressions. Bien sûr, je sais que certains plants poussent très bien sans pour autant avoir besoin de racines profondes. C'est le cas des radis, des oignons, des laitues en feuilles et des autres légumes dont la croissance est rapide et dont la moisson est précoce. Il en va autrement du chêne, de l'orme, de l'érable et de tous les arbres qui étendent leurs racines en profondeur.

Être enraciné et bien enraciné facilite la croissance d'un individu. Autrefois, cela était facile. Les gens naissaient sur une ferme. Celle-ci avait appartenu à leur grand-père ou même à leur arrière-grand-père. Les voisins étaient souvent des cousins et des cousines. Durant tout leur cours primaire, les enfants se côtoyaient à l'école du village ou à celle du rang. Ils se mariaient entre eux. Les plus aventureux ou aventuriers allaient faire leur conquête au village voisin et revenaient sur la ferme paternelle cultiver, faire des enfants et continuer le cycle déjà commencé. L'esprit de famille assurait à chacun des membres, sinon la sécurité financière, du moins la stabilité affective.

Puis, avec la guerre, les gens ont déserté les campagnes pour aller travailler à la ville, dans les usines d'armement. Ce fut l'exode pour des familles entières. Voisins, voisines, cousins, cousines, oncles, tantes travaillaient pour le même employeur. Au sein de l'usine, on reformait une cellule familiale. Autour d'un clocher, les gens prenaient racine. Ils habitaient la même rue durant toute leur vie, connaissaient tous les paroissiens par leurs prénoms et noms de famille. Cette manière de vivre assurait le besoin de sécurité et d'appartenance. Les mots stress, dépression nerveuse, burn-out, ne faisaient pas partie du vocabulaire du temps.

L'industrialisation a bouleversé les fondements de notre système traditionnel. Pour répondre aux exigences sans cesse croissantes de la vie moderne, il nous faut nous activer à un rythme effréné, perdant ainsi contact avec les êtres qui nous sont chers, les membres de notre famille : nos enfants, nos conjoints et conjointes et nos parents.

C'est un fait, les jeunes plants que sont nos enfants souffrent de déracinement, conséquence de l'éclatement de la famille. Selon le Dr M. Scott Peck, psychiatre et auteur du livre *Les chemins les moins fréquentés* : « Les enfants qui ont la chance de bénéficier d'un amour parental stable et attentionné pendant toute leur enfance entreront dans l'âge adulte avec une conscience profonde de leur propre valeur, mais aussi avec un sentiment de confiance et de sécurité. »

Chose bizarre à première vue, les enfants vivant avec leurs deux parents sont souvent les plus inquiets. Quel enfant peut être assuré aujourd'hui de grandir et d'arriver à la vie adulte dans un foyer uni ? À sept ans, ils doutent de la capacité de leurs parents à bien gérer leur vie de couple. Ils craignent de voir un jour leurs parents divorcer.

GLISSEMENT DE TERRAIN

Tout divorce peut être comparable à un tremblement de terre. Les tremblements de terre surviennent lorsque deux plaques de la croûte terrestre se heurtent, entrent en collision ou se séparent brusquement. Il paraît qu'on peut en dénombrer plus d'un million chaque année, particulièrement au fond des océans. Combien y a-t-il de divorces par année dans notre ville, notre province, notre pays ?

Les enfants ont peur que chaque discussion chaude se transforme en éruption volcanique. Le milieu de travail et la société de consommation exercent une pression constante sur la famille. Bien peu d'heures et trop peu de moyens sont réservés à l'évacuation de cette pression. La colère et les frustrations couvent comme le magma en fusion . Quand le bouchon saute, c'est la famille qui éclate et les enfants sont les premières victimes de cette zone sinistrée.

Lorsque les parents se séparent, les enfants deviennent des itinérants, des enfants «valises». Le sol se dérobe sous leurs pieds. Ils n'ont plus de véritable chez-soi. Sur quoi, sur qui vont-ils bâtir leur sécurité ?

Lors de la première neige, un enfant arrive à l'école tout gelé : la tête nue, chaussé d'espadrilles, les mains dans les poches de son petit manteau d'automne. «Est-ce que quelqu'un t'a vu partir ainsi ?» lui ai-je demandé. Il me répond : «En fin de semaine, j'étais chez mon père ; mes bottes, mes mitaines et ma tuque sont chez ma mère ; j'y retourne ce soir.» Cet enfant a bien du mal à faire ses travaux scolaires et à rapporter les signatures demandées. Plus souvent qu'à son tour, il ne retrouve ni sa gomme à effacer, ni ses crayons feutres. Il est perdu, égaré et désorganisé.

Oui, il y a des plantes qui ne sont pas enracinées dans la terre et qui poussent très bien. Quelques-unes fleurissent dans l'eau. Nous connaissons tous les lys d'eau, les iris, les nénuphars. D'autres vivent dans l'air et ne prennent aucun contact avec le sol. Dans le monde végétal, elles sont des exceptions. Elles s'apparentent à des sages qui ont su trouver leur équilibre malgré les carences de leur environnement. Pouvons-nous jurer que nos enfants font partie de ces êtres privilégiés ?

J'ai vécu une séparation puis, après quelques années, un divorce. Nos enfants, Jean-François et Sébastien, ont dû laisser, un trois janvier, ce qu'ils considéraient comme leur quartier, leur école, leurs amis, leur maison, leur chambre et leur salle de jeu, pour aller vivre dans un minuscule quatre pièces. L'époque des tremblements de terre, ils l'ont vécue. Tout s'est effondré sous leurs pieds. Bien sûr, ce n'était pas aussi dramatique que dans le film de Steven Spielberg, *L'Empire du Soleil,* où l'on voit, en Chine, sous l'occupation japonaise, un jeune Anglais séparé de ses parents se retrouver seul dans un camp de concentration. Notre souffrance physique et morale n'avait rien de comparable à la sienne mais nous aurions pu emprunter son vocabulaire pour exprimer l'écart qui existait entre la vie «opulente et luxuriante» que nous vivions sur la rue Payne et celle, combien plus modeste, vécue sur la rue Reynolds.

Nos enfants vivent dans des milieux instables. La famille est construite sur des sables mouvants. Les fondations ne résistent plus aux vents et aux pluies torrentielles. Rendre à maturité les jeunes plants que sont nos enfants est aujourd'hui une œuvre difficile à réaliser.

COMPOSTER ET FERTILISER

Pour fertiliser le sol, on utilise du fumier de cheval, de mouton, de chèvre ou de poule. De plus en plus, on a recours au compostage, un procédé qui consiste à réutiliser les feuilles séchées, les fruits, les déchets de table et à en faire une nourriture prédigérée pour le sol. Nous avons dit que le sol avait besoin d'azote. Celui-ci est contenu dans les matières en décomposition provenant de jeunes végétaux et de déjections animales. Le recyclage ne vient pas d'être inventé par l'homme. La terre recycle depuis toujours. Le charbon et le pétrole ne sont-ils pas des matières recyclées ? Saviez-vous que le charbon s'est formé à partir des restes fossilisés de mousses et de fougères géantes qui poussaient sur la terre il y a des millions d'années et que, pour sa part, le pétrole s'est formé de plantes et d'animaux microscopiques ?

Pour fertiliser le jardin de la vie, nous allons composter les fruits que nous ont laissés les ancêtres, les hommes et les femmes de génie, les personnes qui ont nourri jadis le peuple. Jésus disait : « Mon corps est vraiment une nourriture et mon sang est vraiment un breuvage. » La vie de Jésus et des hommes ou femmes de toutes les époques peuvent nous servir de compost. Il s'agit d'en faire une nourriture qui, bien ingérée et bien digérée, sera pour nous source d'énergie, source de vie. Puis nous aussi, le moment venu, nous servirons de nourriture à d'autres, lorsque nous aurons atteint le degré de maturité qui nous permettra de porter des fruits.

Pour assurer notre besoin de sécurité et d'appartenance, nous devons prendre conscience, à l'instar des grands de ce monde, que tous, minéraux, végétaux, animaux, humains sont frères ; que la seule véritable famille est la famille élargie à l'échelle de l'univers, sans limites ni frontières. Les racines de l'univers nous relient les uns aux autres pour ne plus faire qu'Un.

L'eau :
besoin d'aimer et d'être aimé.

L'eau recouvre plus des trois quarts de la surface de la terre. Les deux tiers de cette eau sont salés. Le jardin a besoin d'eau. L'eau et les substances nutritives fournies par la terre produisent la sève qui nourrit la plante.

Les plantes à développement rapide ont un plus grand besoin d'eau que les autres. Les légumes à racines pivotantes comme la carotte, le panais et le salsifis souffrent beaucoup moins d'une sécheresse momentanée que les légumes d'enracinement superficiel comme la laitue et la tomate. Claude Aubert dans son livre *Le Jardin Potager Biologique* nous dit que : « La résistance des légumes à la sécheresse est en fait liée à la profondeur de leur enracinement. » Les besoins essentiels sont indissociables les uns des autres.

Dans le jardin de la vie, l'eau est reliée à l'émotivité. Certains êtres sensibles, ou hypersensibles, n'arrivent que très difficilement à combler leur soif d'aimer et d'être aimé. Notre sensibilité à l'égard du besoin d'aimer et d'être aimé est, pour une bonne part, proportionnelle à l'attention et à l'amour que nous avons reçus dans notre première enfance. Un enfant qui a reçu tout l'amour et l'attention dont il avait besoin ne sera pas en manque dans les moments difficiles de la vie. Il aura une réserve d'estime de soi et de considération pour lui-même. Il ne percevra pas les refus comme un rejet. Il n'aura pas cette soif maladive d'approbation. Dans ses rapports avec autrui, il sera moins blessé par la froideur et l'indifférence des amis, conjoint, conjointe, enfants ou relations de travail.

SÉCHERESSE : ATROPHIE DU CŒUR.

Un manque d'eau produit la sécheresse ; c'est le cas des êtres indifférents aux malheurs d'autrui. Une plante privée d'eau se replie sur elle-même et se fane ; ainsi en est-il des personnes qui ne reçoivent, ni ne donnent, aucune affection. Elles se réfugient dans le désert de leur solitude et s'atrophient.

Dans un jardin, le propriétaire installe un système d'irrigation qui permet d'arroser selon les besoins et de pallier l'insuffisance naturelle. En thérapie, il s'agit d'inviter la personne à ouvrir les valves de son cœur pour recevoir cette eau bienfaisante qu'est l'amitié, la tendresse et l'amour partagé et à la répandre autour d'elle.

INONDATION : ASPHYXIE.

Si l'eau afflue au point d'envahir complètement le jardin, il y a risque d'inondation et de noyade. Plusieurs plantes poussent dans l'eau telles l'iris, le lys d'eau, les nénuphars, les roseaux. D'autres, par contre, souffrent d'un débordement et s'asphyxient. Lorsqu'il y a un excédent, le jardinier doit intervenir rapidement et creuser des canaux pour drainer le sol. Il sait très bien que trop d'eau fait pourrir les racines ou développe le feuillage aux dépens des fruits.

Dans le jardin de la vie, certains individus se laissent submerger par des sentiments de peur, d'envie et de jalousie. Quelques-uns se noient de chagrin ; d'autres bouillent intérieurement de colère. Pareils à des geysers, ils enferment leurs sentiments désagréables tout au fond de leur cœur et couvent toutes les frustrations et les déceptions accumulées. Un jour, alors que personne ne s'y attend, des émotions, pressurées depuis longtemps, jaillissent puissamment et refont surface. Les personnes de l'entourage immédiat deviennent des spectateurs ahuris et des victimes impuissantes d'un déluge de larmes, d'une cascade de plaintes ou d'un débordement d'injures. Saviez-vous qu'en 1904, en Nouvelle-Zélande, le geyser Waimangu envoya de la vapeur et de l'eau à plus de 450 mètres de hauteur ?

Vivre sous pression, étouffer ses sentiments, risquent de causer bien des dégâts. Il faut au contraire les exprimer, les drainer, les canaliser, pour qu'ils fertilisent nos projets, nos ambitions, nos amours.

LES SOURCES D'EAU

D'où vient l'eau ? L'eau vient des montagnes, des lacs, des rivières, de la mer, des nuages et de la nappe souterraine. Si l'eau a pour origine une source, elle est cristalline, pure et propre à la consommation. Elle est le symbole de sentiments agréables : la joie, l'amour, l'amitié, l'estime de soi et la consi-dération pour les autres. L'eau provient également des nuages car ceux-ci sont formés de minuscules gouttes d'eau et de poussières. Lorsque les gouttes sont trop lourdes, il pleut. Cette pluie est polluée et acide ; elle contient du souffre et de l'azote. Plus elle est acide, plus elle est néfaste à la croissance des plantes. Nous identifions cette eau aux sentiments désagréables qui polluent notre vie : agressivité, colère, tristesse, envie, jalousie et également aux paroles acides qui écrasent, diminuent et blessent profondément la personne qui en est la victime.

De même, l'eau glacée est l'expression de la froideur et de l'égoïsme. Faire fondre la glace au feu de l'amour, donner libre cours à ses bons sentiments, voilà qui fera pousser des germes de tendresse, d'amitié, d'amour de soi et des autres.

Il n'y a pas de pénurie d'eau puisque la planète en est recouverte aux trois quarts. Même le plus petit des nuages contient des tonnes d'eau. Les premiers astronautes, en regardant la terre, l'ont à juste titre surnommée la planète bleue. Il y a, il faut l'avouer, un manque d'eau potable. L'hydrologie, science qui étudie le cycle de l'eau, reconnaît les différentes formes de l'eau dans la nature. L'eau peut se manifester sous forme solide, liquide ou gazeuse. Comment pourrions-nous mourir de soif, alors que nous avons un immense puits creusé par la nature. Une campagne de dépollution basée sur des recherches sérieuses en matière d'assainissement des eaux, jointe à une grande volonté de changement au niveau des habitudes de vie, permettrait de jouir pleinement de cette abondante réserve que nous croyons pour l'instant inutilisable.

Par analogie, notre besoin d'aimer et d'être aimé ne saurait rester longtemps sans être comblé. L'univers est rempli d'amour. Sur notre planète, combien existe-t-il d'êtres vivants à aimer et qui, eux-mêmes, sont prêts à donner en retour cet amour ? La psychologie nous apprend qu'il existe plusieurs formes d'amour : l'amour conjugal, l'amitié, l'amour maternel ou paternel, l'amour filial, l'amour fraternel, l'amour humanitaire et bien d'autres. Sous une forme ou sous une autre, notre besoin d'aimer et d'être aimé peut facilement être comblé. De même, peuvent être objets de notre amour des personnes, des animaux, des végétaux et, par extension, toutes les manifestions se rapportant à ces derniers. Comment rester à vide d'amour ? Il faut pour cela le vouloir et le vouloir à tout prix, en prenant soin de fermer à double tour la porte de son cœur.

Purifier ses sentiments pour qu'ils deviennent purs comme l'eau de source qui descend de la montagne est un travail de toute une vie, un objectif à long, très long terme.

L'air : besoin d'indépendance et de liberté.

Tout ce qui respire a besoin d'air : sans air, la terre s'asphyxie, l'eau croupit, le feu s'éteint. L'air est donc indispensable à la vie. L'air contient un mélange de plusieurs gaz dont l'azote, l'oxygène et le gaz carbonique. L'air est une nourriture pour tous les êtres vivants.

« TOUJOURS PLUS HAUT, TOUJOURS PLUS LOIN... »

Symboliquement, l'air est associé au souffle, à l'esprit et à la pensée. Des expressions courantes en font foi : *des idées en l'air, des projets en l'air.*

Dans le jardin de la vie, il faut des pensées, des projets et des buts. Ceux-ci nous porteront vers le succès, tout comme l'air porte l'oiseau et lui permet de planer et de s'élever encore plus haut.

L'air nourrit nos poumons d'oxygène et régénère le sang qui circule dans notre corps. Ainsi en est-il des pensées : celles-ci alimentent et nourrissent nos projets.

UN VISAGE DÉVASTATEUR

Tout comme l'eau, l'air peut être source de vie ou de mort. Le visage dévastateur du vent se manifeste dans les tornades, les ouragans et les typhons. Les vents de la colère, de la vengeance sont également meurtriers ; ceux de l'agressivité sont dévastateurs. Les dommages sont proportionnels à la violence des vents et à l'agitation de la mer. Si le vent est doux, la mer sera calme. Vous souvenez-vous du récit évangélique : *La tempête apaisée* ? On le retrouve dans Matthieu 8 v. 23 à 27 :

> Et quand il fut monté dans un bateau, ses disciples le suivirent. Or voici que survint dans la mer une grande agitation, si bien que le bateau était couvert par les vagues ; lui cependant dormait. Les disciples s'approchèrent de Jésus et le réveillèrent en disant : « Seigneur sauve-nous, nous allons périr ! » Mais il leur dit : « Pourquoi êtes-vous craintifs, gens de peu de foi ? » Alors, il se leva, il tança les vents et la mer, et il se fit un grand calme. Et les hommes furent frappés de stupéfaction et dirent : « Quel genre d'homme est-il donc, celui-là, que même les vents et la mer lui obéissent ? »

Jésus savait que les vents agitaient la mer et l'amenaient à se déchaîner. Il commença donc à agir sur les vents. « Il tança les vents » nous dit l'Évangile. Dans *le Petit Larousse en couleurs*, *tancer* veut dire : réprimander vertement. Il fit taire les vents et la mer s'apaisa.

« QUI SÈME LE VENT RÉCOLTE LA TEMPÊTE »

Si nous voulons conserver le calme, la paix intérieure, nous devons tancer nos pensées et *réprimander vertement* celles qui nous agitent et nous bouleversent. Des pensées de vengeance font naître des sentiments de haine, de colère. Ceux-ci se manifestent par une action destructrice de même nature : suicide, meurtre, génocide, etc.

Souvenez-vous d'Adolph Hitler : son projet était de produire une race pure. Rapidement, cette idée fit naître en lui des sentiments de répulsion et d'hostilité envers tous les êtres faibles, fragiles, vieux ou ayant un handicap. Pour réaliser son plan, il sacrifia une grande partie du genre humain. Voyez le film *La liste de Schindler* réalisé par Steven Spieldberg ; vous revivrez cette période de l'histoire et vous ferez connaissance avec cet homme nommé Schindler qui, lui, porte le projet de sauver de l'extermination le plus grand nombre de Juifs possible et qui met tout en œuvre pour y arriver.

L'air est en quelque sorte le lien entre le ciel et la terre. L'air est aussi symbole de légèreté, de liberté : *être libre comme l'air*. L'air est un gaz, la terre, un solide et l'eau, un liquide. Trois états de la matière qui diffèrent les uns des autres. Un solide a une dimension et une forme précises ; ses molécules ne pouvant se déplacer librement, elles occupent une position constante. Il s'exerce entre elles une puissante force d'attraction. Dans un liquide comme l'eau, les atomes sont plus éloignés ; ils peuvent se déplacer sans pour autant pouvoir se dégager complètement les uns des autres. Les molécules ne sont pas maintenues solidement entre elles ; c'est pourquoi les liquides n'ont pas de forme précise. Pour ce qui est des gaz comme l'air, les molécules sont éloignées et se déplacent dans tous les sens, ce qui permet à l'air de se dilater.

UN POUVOIR LIBÉRATEUR

Quelqu'un serait-il prisonnier, il pourrait par la pensée, de même nature que les gaz, bien que sur un autre plan, se libérer, se dilater et devenir *libre comme l'air*. Grâce à ce pouvoir libérateur qu'est la pensée créatrice, des prisonniers ont réussi à survivre dans des camps de concentration alors que d'autres, beaucoup plus forts physiquement mais ne connaissant pas les propriétés bénéfiques de la pensée, n'ont pu résister à cet enfer.

Le soleil :
besoin de se réaliser, de créer.

Le feu est également un élément essentiel. Le soleil est un grand feu qui, tout comme l'air, l'eau et la terre, est pour les plantes, les animaux et les hommes, source de vie. Il apporte la lumière et la chaleur dont les plantes ont besoin pour croître et se maintenir en vie. Sans l'énergie du soleil, il n'y aurait aucune végétation. L'eau de la mer ne pourrait pas s'évaporer ; il n'y aurait pas de pluie, pas de neige, pour alimenter les ruisseaux en eau potable. Sans soleil, pas de vent car, nous le savons, le vent est dû au déplacement des grandes masses d'air à des températures différentes.

UN SOLEIL DANS LE CIEL ET SOUS LA TERRE

La terre, tout comme le ciel, renferme son soleil. La terre ressemble à une énorme pêche dont le noyau serait une boule de feu, composée de roches en fusion appelées magma. Ce soleil logé au centre de la terre est à l'origine des volcans et des geysers.

LUMIÈRE ET CROISSANCE

La croissance des plantes est directement liée à la quantité de lumière qu'elles reçoivent et dont elles s'alimentent ; c'est pourquoi, faute de lumière, les plantes s'étiolent, s'atrophient et perdent leur couleur verte. En effet, les plantes fabriquent leur propre nourriture par un procédé qu'on appelle photosynthèse. La chlorophylle, qui est un des composants de la plante et qui est de couleur verte, utilise la lumière du soleil, la transforme en énergie pour fabriquer de la nourriture. Celle-ci est un mélange de gaz carbonique contenu dans l'air, d'eau et de substances minérales provenant du sol. À défaut de lumière, la croissance des plantes ralentit ou s'arrête. Pour pallier ce manque de lumière ou de chaleur, les jardiniers utilisent un éclairage artificiel dans les serres. Ils procèdent également à l'installation de couches chaudes.

L'HOMME À LA RECHERCHE DU FEU

Le feu représente pour nous l'idéal, la passion et l'enthousiasme. Tout ce qui nous fait vivre entretient notre feu. Les plus anciens fossiles, les plus anciennes pierres taillées ont été retrouvés près des volcans. L'homme préhistorique était donc à la recherche du feu. Près du feu se sont formés des rassemblements qui ont donné naissance à des familles. De nomades, ils sont devenus sédentaires et se sont mis à cultiver la terre.

Mais, tout comme l'eau et l'air, le feu peut avoir un pouvoir de vie et de mort. Le feu est conquérant, envahissant et sacrificateur. Des villes entières ont été incendiées : Londres, San Francisco, Moscou. Des peuples ont été sacrifiés pour assouvir des passions dévorantes. Une passion mal orientée peut, tout comme un feu de forêt, causer des ravages énormes.

Autrefois, il y avait des gardiens du feu. Dans les temples, les vestales l'entretenaient constamment. Point de feu, point de vie. Je me suis longtemps demandé pourquoi, lors d'un décès, on utilisait l'expression « feu monsieur Un tel » ou encore « telle personne s'est éteinte à l'âge de... »

Un feu qui s'éteint

Au soir de sa vie, j'ai vu ma mère s'éteindre peu à peu. Elle n'avait plus de désirs, plus de projets, plus d'ambitions. Elle n'avait plus d'enthousiasme. Les plaisirs de la vie n'avaient plus aucune saveur. La vie, pour elle, se décolorait jour après jour. Elle se dévitalisait car le feu qui l'animait dans sa jeunesse s'était éteint et elle n'avait plus la force de le ranimer. Le soleil, c'est l'âme, le foyer et le cœur. Lorsqu'il n'y a plus de soleil, lorsqu'il n'y a plus de feu, lorsque le cœur n'y est pas, alors la mort s'installe.

Tous dans un, un dans tous.

Nous pourrions retenir que chaque élément contient les autres et entre également dans la composition de chacun. L'air contient donc la terre sous forme de particules de sel, de poussières ; l'eau sous forme de vapeur d'eau ; le feu, car l'air se réchauffe sous l'action du soleil. L'eau, pour sa part, transporte dans son cours des débris de roches et du sable ; elle contient également de l'oxygène, un des composants de l'air et elle est vivifiée par les rayons solaires. La terre contient les trois autres éléments : l'eau, l'air et le feu, tout comme notre corps qui est composé d'eau (système circulatoire), d'air, de feu (système respiratoire) et de terre (système osseux). Le feu les contient tous : l'air, les vapeurs d'eau et la terre en fusion. Nous retrouvons dans la plante les racines qui appartiennent à la terre, la tige à l'air, les fleurs et les feuilles à l'eau, les fruits au soleil, car ceux-ci arrivent à maturité grâce au rayonnement solaire.

Éléments et personnalités

L'étude du sol nous a permis de faire le parallèle entre la nature des différents sols et notre personnalité. Dans le même ordre de pensée, un lien évident existe lorsque l'on compare les éléments vitaux et les personnalités. Rappelons-nous le chapitre I et signalons brièvement quelques correspondances. Tous les tempéraments de type émotif : colérique, nerveux, passionné, sentimental, se sentent à l'aise dans l'élément eau. Les types actifs à tendance yang peuvent s'identifier facilement au monde physique de la terre. L'air rejoint davantage les intellectuels, les scientifiques, les philosophes. Le feu convient aux types passionnés qui se sacrifient pour un idéal, qui s'oublient en faveur d'une grande cause humanitaire. Dans chaque personnalité, nous retrouvons les quatre éléments mais dans des proportions différentes. Nous ne sommes pas différents du monde végétal. Un élément vient-il à manquer, nous nous affaiblissons et nous perdons notre énergie et notre motivation.

Énergie et motivation

Motiver signifie pousser, activer, mettre en mouvement. Lorsqu'il s'agit de cultiver un jardin, la motivation, qu'elle provienne de l'eau, de l'air ou du soleil, engendre un mouvement, active un processus de croissance qui amène la semence de l'état de graine à l'état de fruit. L'action exercée par les éléments naturels «motive» la graine à croître jusqu'à son épanouissement.

La terre, comme source de motivation, est associée à la force musculaire. On a toujours utilisé les hommes et les animaux pour faire les gros travaux de la terre. Mais malgré la vigueur des animaux et la force herculéenne de certains hommes, la lourdeur de la charge dépassait de beaucoup leur capacité à la soulever ou à la tirer. C'est pourquoi on a inventé la roue, la poulie, le levier et la vis d'Archimède. Toutes ces découvertes ont grandement facilité la tâche des travailleurs, augmenté leur résistance et réduit leur fatigue. Nous en retrouvons des applications dans la vie de tous les jours. Que ferions-nous sans elles ?

De la terre nous viennent des ressources naturelles d'énergie : le charbon, le pétrole et le gaz naturel. Utilisé comme source de combustion dans les maisons, le charbon a été aussi employé pour remplacer les roues hydrauliques et faire fonctionner les machines à vapeur. Le pétrole et le gaz naturel ont également joué le même rôle. Malheureusement, ces combustibles s'épuisent peu à peu et sont difficilement renouvelables ayant déjà, en tant que débris de toutes sortes, été recyclés par la terre.

L'eau est une autre source de motivation. Ce qui la rend intéressante, c'est qu'elle est toujours disponible. L'eau motive la plante en la faisant croître. Elle l'amène à un changement. L'eau est une force motrice. Elle entraîne dans son cours de la boue, des petits cailloux. Elle creuse le lit des lacs et des rivières ; elle forme, modèle, sculpte et modifie le paysage.

L'homme a asservi l'eau à de multiples usages. Souvenez-vous des bateaux à aubes. La pression de l'eau exercée par le courant poussait sur les palettes et faisait tourner la roue, ce qui permettait au bateau d'avancer. Le même principe a été exploité pour les moulins à moudre le grain.

L'homme a canalisé l'eau ; il a construit des barrages, conscient que, si elle est sous pression, l'eau jaillit avec plus de force. La puissance du jet d'eau actionne les turbines, qui sont des roues sur lesquelles sont fixées des pales entraînées par l'eau, et déclenche des générateurs qui produisent l'électricité. Selon un reportage publié dans le journal *7 jours*, 96% de l'électricité produite au Québec, proviendrait des centrales hydroélectriques. J'ai déjà lu qu'en Norvège, 99,9 % de l'électricité était produite à partir de l'eau et au Canada, 70 %.

On utilise maintenant la force des marées et l'énergie des vagues, considérant ces dernières comme une source plus constante que le vent.

Le vent, de par sa nature, change le paysage et modifie l'environnement. Le vent, *l'air qui court,* a également un pouvoir de motivation. Cette puissance a été exploitée dans la construction des bateaux à voiles et des moulins à vent. Vous souvenez-vous avoir vu dans les livres d'histoire ou dans les films, ces rameurs alignés s'acharnant par vents et tempêtes à faire avancer le bateau, ou ces esclaves enchaînés à la roue qui servait à moudre le grain ? Le vent dans les voiles a remplacé la force musculaire des rameurs. Pour ce qui est des moulins à moudre, la pression que le vent exerçait sur les ailes, reliées par des engrenages à une meule qui tournait, permettait d'écraser le grain et de le transformer en farine.

Aujourd'hui, on utilise la force du vent pour faire tourner les pales des éoliennes. Des aérogénérateurs de grande dimension entraînent des turbines électriques. Les États-Unis, qui ne peuvent produire que 14 % de leur électricité à partir de l'eau, utilisent avantageusement le vent comme source d'électricité.

Le vent est une source d'énergie irrégulière. Il est inconstant. Certaines régions sont plus favorisées que d'autres et peuvent l'utiliser davantage.

Par analogie aux différents types de sol et de personnalité, nous pourrions identifier les pays selon leur type de ressources naturelles. Certains sont du type eau tels que : le Canada, la France, la Norvège... ; d'autres du type air, tels les États-Unis. De type terre, nommons la Grande-Bretagne, qui utilise encore ses ressources de charbon ; l'Islande s'apparenterait au feu : à Reykjavik, les maisons sont chauffées par la vapeur d'eau provenant des sources chaudes des geysers.

La lumière du soleil produit également de l'électricité. Nous utilisons maintenant des montres et des calculatrices solaires. Le soleil fournit cent mille fois plus d'énergie que toutes les centrales électriques.

L'énergie calorifique, c'est-à-dire la chaleur que fournit le soleil, peut être captée dans des panneaux spéciaux appelés capteurs solaires. Ces panneaux se composent de cellules photoélectrique qui captent le rayonnement solaire et le transforment en cette précieuse énergie qu'est l'électricité. Des maisons sont ainsi chauffées, éclairées. Conjointement à un autre système, celui-ci est économique et salubre pour l'environnement. Des usines au Québec utilisent cette énergie pour chauffer l'eau. Une autre, en Ontario, utilise ce système pour préchauffer l'air de ventilation. Cette nouvelle technologie solaire sera appelée à prendre de l'ampleur, au fur et à mesure que se multiplieront les possibilités d'application.

Forces et carences

Dans le jardin de la vie, il faut se demander souvent : «De quoi ai-je besoin pour être heureux ? Ai-je besoin de sécurité affective, financière, ou ai-je davantage besoin d'indépendance et de liberté ? Il faut se questionner, à savoir s'il n'y aurait pas des carences au niveau de la satisfaction de ses besoins : mon besoin d'aimer et d'être aimé est-il convenablement satisfait ?

Ma vie est-elle en perte de sens ? Ai-je un idéal qui attise ma flamme intérieure ?

Dans le jardin de la vie, il faut également tenir compte des forces de motivation que sont la terre, l'eau et le feu, si nous voulons avoir une bonne récolte.

Nos forces physiques, nos émotions, nos sentiments, nos qualités intellectuelles, nos projets, nos plans et notre idéal seront pour nous autant de sources d'énergie et de motivation. L'élément dominant peut nous servir à façonner, à sculpter notre personnalité et à nous faire avancer vers le succès.

Voici une liste de besoins. Faites votre choix ; ajoutez, complétez selon vos propres critères. Vous pouvez en interchanger l'ordre. Si un besoin semble être un besoin émotionnel, alors qu'il a été identifié comme intellectuel ou spirituel, n'hésitez surtout pas à faire le changement qui s'impose. À titre d'exemple : j'ai classé le besoin d'avoir des projets dans les besoins d'ordre spirituel ; si, pour vous, il relève davantage du domaine intellectuel, refaites votre propre classement. Voyager peut être d'ordre émotionnel, si vous voyagez pour le plaisir ou d'ordre intellectuel, si vous le faites pour acquérir de nouvelles connaissances ou encore d'ordre physique, si vous y voyez un défi à relever ou une aventure à vivre.

Une même expérience peut répondre à plusieurs besoins : à vous de juger. Vous remarquerez que quelques besoins auraient pu être fusionnés, étant de même nature, mais j'ai cru bon d'en donner une formulation différente qui, tout en apportant une nuance, permet une meilleure identification du besoin.

Après avoir coché et amélioré la liste des besoins selon votre convenance, identifiez-en dix que vous considérez comme indispensables à votre bonheur.

Besoins d'ordre matériel : (terre) appartenance et sécurité	Besoins d'ordre émotionnel : (eau) aimer et être aimé
Besoin :	*Besoin :*
☐ D'être en santé	☐ D'aimer et être aimé
☐ D'avoir un corps bien fait	☐ De l'approbation de mes pairs
☐ De maîtriser un sport	☐ De reconnaissance, de renom-
☐ De bouger	mée
☐ De faire quelque chose	☐ De m'amuser
☐ De biens matériels :	☐ D'indépendance
statut social	☐ De me démarquer
☐ De faire des profits	☐ De sécurité, d'amitiés stables
☐ De la nature	☐ De nouvelles expériences
☐ De compétitionner et de gagner	☐ D'être avec les gens
☐ D'être responsable	☐ D'être accepté et d'être popu-
☐ D'avoir de l'influence	laire
☐ De surmonter les obstacles	☐ D'intimité
☐ De voyager	☐ De beauté
☐ De faire travailler mes mains,	☐ De créer
mes muscles	☐ D'avoir un travail que j'aime
☐ D'avoir une famille	☐ D'avoir un cercle d'amis
☐ D'appartenir à un groupe	☐ De solitude
☐ De confort	☐ De calme
☐ De manger	☐ De rire
☐ D'avoir ma maison	☐ D'émotions fortes
☐ D'avoir un jardin	☐ De stabilité émotive
☐ De me reposer	☐ D'avoir une famille
☐ De prendre des vacances	

Besoins d'ordre intellectuel : (air) indépendance et liberté	Besoins d'ordre spirituel : (feu) évolution et réalisation
Besoin :	Besoin :
☐ De savoir, de connaître	☐ D'un idéal
☐ De comprendre	☐ De donner un sens à ma vie
☐ De voir, de raisonner, de juger	☐ De me réaliser
☐ D'analyser, de synthétiser	☐ D'avoir des projets
☐ D'apprendre	☐ De me fixer des buts
☐ D'obtenir des diplômes	☐ De travailler pour une cause
☐ De communiquer par la parole et par l'écrit	☐ De servir une communauté
☐ De voyager	☐ De laisser ma marque
☐ De réfléchir	☐ De m'améliorer et d'améliorer la société
☐ De penser	☐ D'aider les autres à se développer
☐ D'avoir du temps pour moi	☐ D'exceller
☐ D'un horaire flexible	☐ D'être en harmonie avec moi-même
☐ D'espace	☐ D'être en harmonie avec Dieu
☐ De liberté	☐ De travailler pour l'Église
☐ D'indépendance	☐ D'évoluer, de grandir en sagesse
	☐ De promouvoir un monde meilleur

Voici 10 besoins que je considère comme essentiels à mon bonheur :

1 _Besoin de communiquer franchement_

2 _De parler de mes émotions & d'intimité_

3 _D'être écoutée, entendue & reçue_

4 _sans jugements_

5 _d'être aimée & respectée & sentir l'impact_

6 D'être en santé
7 de rire , de calme
8 De clarté, d'ordre + discipline
9 D'équilibre
10 De bien gagner ma vie financièrement

FRUSTRATIONS ET BESOINS NON SATISFAITS

Tout au long de notre vie, nous avons vécu des expériences qui nous ont laissé des sentiments désagréables de frustration, de colère et de peine. Ces déceptions font souvent référence à des besoins qui n'ont pas été suffisamment identifiés ou comblés par nos parents, nos éducateurs ou nous-mêmes, alors que nous sommes devenus responsables de la satisfaction de nos besoins.

Faites l'inventaire de ces expériences de frustrations et voyez quel besoin n'a pas été comblé. En guise d'exemple :

EXPÉRIENCES DE FRUSTRATIONS	BESOINS NON SATISFAITS
J'ai vécu dans un orphelinat	Besoin d'aimer et d'être aimé Besoin d'appartenance
Mes parents étaient pauvres	Besoin de sécurité financière Besoin d'être entourée de beauté
Divorcée sans travail	Besoin d'autonomie financière
Relations amoureuses périodiques	Besoin de stabilité émotive

EXPÉRIENCES DE SUCCÈS ET BESOINS SATISFAITS

Une autre façon de travailler serait de faire l'inventaire de nos expériences de succès. La gratification engendrée par de telles expériences a souvent pour origine la satisfaction d'un ou de plusieurs besoins.

EXPÉRIENCES DE SUCCÈS	BESOINS SATISFAITS
Je vis seule	Besoin d'intimité, de solitude Besoin de calme, de silence
Je vais régulièrement à la bibliothèque	Besoin d'apprendre
J'écris ce livre	Besoin d'apprendre Besoin de communiquer
Ma vie amoureuse se porte bien	Besoin d'aimer et d'être aimé Besoin de stabilité affective

Dans nos cours de morale, nous avions l'habitude de faire la distinction entre les différents termes suivants : désirs, caprices et besoins. Nous définissions le besoin comme étant ce qui est essentiel au bien-être du corps, de la tête ou du cœur. Cette définition limite considérablement le nombre de besoins. Les frustrations qu'engendrent des besoins non satisfaits peuvent être à l'origine d'un déséquilibre.

Assurer l'équilibre des besoins

Dans ma classe de deuxième, j'utilise une balance à deux plateaux pour faire comprendre aux enfants la notion des termes : *égal* et *différent*. Dans un plateau, je place six billes et dans l'autre, deux. Les enfants constatent évidemment que le plateau ayant les six billes a plus de poids, ce qui produit un déséquilibre et fait pencher la balance en faveur de la plus lourde charge. Le déséquilibre ou la différence s'exprime alors en termes mathématiques de + et de -. Pour rétablir l'équilibre, ils expérimentent deux solutions : soit ajouter quatre autres billes au plateau qui n'en a que deux, ou encore en enlever quatre au plateau qui en contient six. Selon qu'ils ajoutent ou qu'ils enlèvent, l'équilibre se rétablit. Nous aurons dans les deux plateaux un nombre égal de billes.

La vie nous pose parfois le même problème. Lorsque la somme de nos besoins est supérieure à la somme de nos ressources, nous devenons inévitablement déçus, frustrés et déprimés, ce qui met en péril notre équilibre physique, émotionnel, mental ou spirituel. Deux opérations sont possibles : augmenter nos ressources ou diminuer nos besoins. Bien qu'en théorie cela semble d'une grande simplicité, cette méthode s'avère pour plusieurs d'entre nous, d'application difficile.

Lorsque nous avons à administrer un budget, nous devenons ministre du portefeuille ; nous devons prendre des décisions et, parfois, nous nous voyons dans l'obligation de sacrifier ou de différer la satisfaction de désirs au profit de l'équilibre budgétaire. Gérer la satisfaction de nos besoins, tout comme gérer un budget, exige que nous prenions sur nous la responsabilité de faire des choix qui sauvegardent notre équilibre.

Besoins et dépendance

L'éternel enfant ou adolescent n'acceptera pas de différer la satisfaction de ses besoins ; il en exigera la satisfaction immédiate. Le Dr M. Scott Peck en parle longuement dans son livre *Le chemin le moins fréquenté*. L'enfant étant souvent incapable de répondre à ses besoins, il tyrannisera l'adulte jusqu'à ce que celui-ci cède sous son instance. De grands adolescents comptent encore sur leurs parents pour payer leurs bières et leurs sorties de fin de semaine. Ils ne veulent pas travailler et, s'ils y consentent, ils se hâtent de répondre à leurs moindres caprices sans soucis d'économie. Véritables vampires, ils siphonnent leur entourage sans aucune fierté. Ces mêmes jeunes, nous les retrouvons, dix ans plus tard, irresponsables et incapables de s'assumer.

Devenir responsables

Que veut dire, être responsable ? Quand j'étais professeure de morale, je proposais cette valeur comme étant une clé qui ouvre la porte à la réussite. Je leur disais que ce mot renfermait un mot français et un mot anglais et que ces deux mots définissaient parfaitement ce qu'était une personne responsable.

RESPONSABLE

réponse   able

répondre   capable

Être responsable pourrait signifier être capable de répondre soi-même, ou être en mesure de trouver par soi-même la réponse à un questionnement ou à un problème. Être responsable, c'est donc accepter d'être celui ou celle qui agit dans le but de trouver, intérieurement ou extérieurement, une réponse convenable à la satisfaction de ses besoins.

On ne naît pas responsable, on le devient progressivement. L'école est un milieu qui peut donner aux jeunes l'opportunité de se responsabiliser. Dès les premiers jours, l'enfant devient responsable de ce qui lui appartient. Il doit veiller à bien ranger ses effets scolaires, à les faire identifier par ses parents, à apporter à la maison le nécessaire pour les devoirs et les leçons et à les rapporter le lendemain avec les signatures demandées. Déjà, l'enfant peut se décharger de sa responsabilité d'écolier sur ses parents et sur les événements. « Ma mère a oublié », dira-t-il. « Je suis allé à mon cours de judo ; au retour, il était trop tard. » « J'ai dit à mon père de signer mais il ne l'a pas fait. » On ne devient pas responsable en blâmant nos parents, notre éducation, notre milieu, notre environnement ou notre mauvaise fortune. N'est pas responsable celui qui accuse ou demande à d'autres de répondre pour ses gaffes ; non plus, celui qui s'apitoie sur son sort, qui s'écrase devant la défaite, qui attend que le vent tourne. Est responsable celui ou celle qui assume, sans pour autant se culpabiliser, et prend en charge courageusement son devenir.

Faire un jardin, c'est une façon de devenir responsable de sa vie. Faire un jardin, c'est différer la satisfaction du plaisir. Dans la famille Delorme, les enfants et les petits-enfants expriment l'espace temps d'un événement à un autre en utilisant l'expression suivante : « il y a deux ou trois dodos avant ta fête ou quatre dodos avant que tu puisses développer tes cadeaux de Noël ». Devenir responsable, c'est être capable d'accepter qu'il y ait plusieurs et plusieurs *dodos* entre la semence et la moisson !

Identifier les besoins

Quelques graines à conserver :

- ❖ *La terre, l'eau, l'air et le soleil sont les éléments essentiels à la réussite d'un jardin.*

- ❖ *Si la terre ne contient pas les éléments nutritifs nécessaires à la culture, il y a lieu de l'amender et de la fertiliser. Notre personnalité a également besoin d'être nourrie, fertilisée au contact d'autres personnalités.*

- ❖ *La terre est également le symbole de nos racines : notre pays, notre province, notre localité, notre quartier et notre famille.*

- ❖ *La stabilité du milieu environnant favorise l'épanouissement de la personnalité, tout en répondant au besoin de sécurité et d'appartenance.*

- ❖ *L'eau est reliée à notre besoin d'aimer et d'être aimé.*

- ❖ *Elle est le symbole de nos sentiments agréables ou désagréables.*

- ❖ *L'air symbolise notre besoin d'indépendance et de liberté.*

- ❖ *L'oiseau plane et l'homme fait des plans. Dans le jardin de notre vie, il nous faut planifier et nous fixer des buts.*

- ❖ *Le soleil représente notre idéal. C'est le feu intérieur qui nous anime, qui nous rend enthousiastes. Ce feu doit être alimenté par de nouveaux projets, de nouvelles réalisations, sinon il s'éteint, faute de combustible.*

- ❖ *Des besoins essentiels non satisfaits engendrent des frustrations. Pour assurer l'équilibre émotionnel, la somme de mes besoins doit correspondre à ma capacité d'y répondre.*

CHAPITRE V

Semer sur son propre terrain_____

Savoir ce que l'on « vœux »

Quand j'étais jeune, j'écoutais avec plaisir une chanson à la radio qui racontait l'histoire merveilleuse que voici :

« Un garçon part en vadrouille

Au bord d'un étang

Il attrape une grenouille

Qui dit en tremblant:

« Laisse-moi m'en aller

Et je te promets

De réaliser

Trois de tes souhaits. »

Tout surpris par ce langage

Il lui dit : « Je veux

Beaucoup d'or dans mes bagages

Des habits soyeux. »

Mais au bout d'un mois

Il revint la voir

Il lui demanda : « Donne-moi la gloire. »

De tous les puissants sur terre

Il devint le roi
Mais dans son cœur solitaire
Y avait pas de joie.
Il revint la voir
Triste et malheureux.
«Donne-moi l'amour
C'est mon dernier vœu.»
Et dans une plainte étrange
La grenouille alors,
Devant lui soudain se change
En fille aux cheveux d'or.
La main dans la main
Ils s'en sont allés
Et sur les chemins
Les oiseaux chantaient.»

Imaginez un instant une fée avec sa baguette magique, capable de réaliser trois de vos vœux. Quels seraient ces vœux ? Écrivez-les.

Mes trois vœux :

1 *De m'aimer inconditionnellement*

2 *De me sentir très sécure*

3 *De savourer ma vie pleinement*

Que nous apprend la chanson du promeneur et de la grenouille ? Elle nous enseigne qu'il existe des vœux de différentes sortes, suivant notre échelle de valeurs. Le premier vœu dévoile une valeur matérielle : de beaux vêtements soyeux, de l'or ; le deuxième révèle un intérêt pour le pouvoir et la puissance, et le troisième vœu découvre un besoin peut-être endormi jusqu'alors, l'amour.

Ne pas savoir ce que nous voulons nous handicape énormément dans la réalisation du jardin de notre vie. Une phrase de Guillaume d'Orange me semble tout appropriée : « Il n'y a pas de vent favorable à celui qui ne sait pas où il va. » De même, il ne peut pas y avoir de récolte favorable pour celui qui ne sait pas quoi semer.

Si nous ne savons pas ce que nous voulons, vulnérables, nous devenons des proies faciles, des sujets convoités pour ceux qui aimeraient bien nous voir travailler à leur plantation ou pour ceux qui seraient heureux de semer dans notre jardin leurs propres graines de désir.

Savoir ce que l'on ne veut pas est déjà un bon début, à la condition d'être capables de dire non à toutes les propositions extérieures qui ne suscitent pas en nous de l'intérêt et de l'enthousiasme.

Pénurie de graines

Si vous ne savez pas ce que vous voulez, il y aura toujours des gens bien intentionnés pour vous proposer ou vous imposer leurs graines.

L'autre jour, lors d'une rencontre d'amies, l'une d'entre elles nous dit : « La vie, c'est l'enfer ! » Je lui demande : « Qu'est-ce que tu considères comme un enfer ? » Elle me répond : « Je suis écœurée d'être à leur service, de les suivre dans tous leurs projets. » (Elle parlait de son conjoint et de ses enfants.) Je lui demande : « Qu'aimerais-tu voir changer ? » Elle me répond : « Je ne sais pas. » Je continue. « Aimerais-tu réaliser ou vivre quelque chose ? » « Je ne sais pas. » « Dans ton entourage, y a-t-il quelqu'un : tes amies, tes sœurs, tes frères, tes copines de travail qui vivent ou font des activités susceptibles de t'intéresser ? » « Je ne vois pas. »

Comme tant d'autres, elle est impliquée dans les projets de ses proches parce qu'elle-même n'a pas trouvé de graines à semer, de projets personnels à réaliser.

Cela me fait toujours un peu souffrir car j'ai été moi aussi victime de ce manque de désir.

Le roi Harold

Savoir ce que l'on veut est de toute première importance. Exprimer clairement ses désirs, ses besoins et ses préférences l'est tout autant, sinon davantage.

Quand mes enfants étaient petits, je leur racontais, à leur demande maintes fois répétée, une très belle histoire publiée dans les années 70 aux Éditions des Deux Coqs d'Or. Cette histoire avait pour titre : *Le petit roi et les trois sages*. Laissez-moi vous la résumer. Je n'ai qu'un regret, c'est que vous ne puissiez pas voir les images !

> Ce petit roi, nommé Harold, était couvert d'or. Le matin, il se levait de son lit en or, se coiffait avec son peigne en or, se brossait les dents avec une brosse en or, et se regardait dans un miroir en or. L'histoire continue. Il avait un page en or (pas en vrai !) qui lui apportait toutes sortes de belles choses en or. Trois sages lui prodiguaient leur attention.
>
> Malgré tout, le petit roi ne souriait jamais. Les trois sages tinrent conseil et décidèrent de lui acheter un cor en or, des patins en or. Mais le petit roi, perdu dans ses pensées, ne souriait toujours pas. Les trois sages, ne sachant plus que faire, questionnèrent le page. Celui-ci eut une idée : «Et si on demandait au roi ce qu'il désire», dit le petit page. «Mais c'est vrai, nous n'avons pas pensé à cela ; nous ne consultons

jamais le roi» convinrent les trois sages. Ils allèrent donc trouver le petit roi. «J'ai toujours voulu conduire une voiture de pompier», dit le petit roi. Les trois sages lui offrirent aussitôt une voiture de pompier.

Assis sur le siège, tenant les guides de deux superbes chevaux blancs, le petit roi partit sur la route à vive allure. En chemin, il perdit un soulier en or, sa couronne en or ; mais le petit roi, dit l'histoire, ne s'en souciait pas du tout. Il était heureux, il souriait.

Harold était un héritier royal. Comme tel, il détenait la puissance, la richesse et la gloire. Il n'avait qu'à exprimer un désir pour qu'il devienne réalité.

Comme nous, il était ignorant de l'étendue de son pouvoir. Les sages, bien intentionnés, essayaient de lui donner satisfaction mais ils ne pouvaient deviner le désir secrètement gardé dans le cœur d'Harold. Tant et aussi longtemps que le petit roi se refusait à exprimer son souhait, il réduisait ses chances de voir son vœu se réaliser et augmentait, de ce fait, son lot de déceptions et de frustrations. Nourri par les autres sur le plan de ses désirs, notre petit roi Harold était mal servi.

Vouloir ce que l'autre « vœux »

Le samedi matin, des amies et moi avions pris l'habitude de déjeuner ensemble. Souvent, nous prenions plaisir à nous raconter nos mésaventures conjugales et à en rire.

L'une d'elles parlait du temps où elle (son mari) avait un goût prononcé pour les chevaux de race. Entière comme toujours, elle y investissait tout son avoir (et son être!). Elle en faisait l'élevage et le dressage. Il fallait refaire des clôtures, soigner les bêtes, les nourrir, les brosser, laver les vêtements pour que la senteur des animaux n'imprègne pas toute la maison. Le temps venu, il fallait se préparer pour les expositions, être reçus et recevoir d'autres propriétaires. Quelle joie de pouvoir enfin réaliser un rêve de jeunesse (celui de son mari) !

Puis lui vint un autre désir : posséder son propre voilier ; pas n'importe lequel, un gros, pouvant se promener sur le lac Champlain. Et vogue la galère : apporter pour quatre personnes la nourriture, les boissons, les vêtements, quelques-uns en cas de pluie, d'autres de rechange au cas où, revenir avec le tout ; le laver et le ranger, prêt à être utilisé la semaine suivante. Astiquer le bateau, colmater les ouvertures lors des orages, offrir une bière au voisin, attendre des heures le moment de passer les écluses, se tenir prêt pour l'abordage, préparer le souper, laver la vaisselle, autant d'activités indispensables à la vie de bateau.

Une autre de mes amies, comme par hasard, avait eu elle aussi (par symbiose sans doute) la maladie des chevaux (ça la rendait malade !). Elle les montait avec beaucoup de délicatesse (peur !). Elle attendait avec impatience (anxiété, inquiétude) l'instant béni de remonter en selle ! Toujours en selle, que dire de ses divines (satanées !) randonnées en moto dans les bois, d'où elle ressortait pleine d'écorchures et le derrière endolori par les sauts. Puis, elle nous faisait juges de ses talents de défricheuse. Nous imaginions facilement cette petite femme transportant, toute souriante (grimaçante), de lourdes bûches pour nettoyer le terrain, en vue de bâtir la maison de ses rêves ! Nous pouvions également visualiser son enthousiasme (affaissement) lorsqu'on lui proposa d'échanger son terrain contre un autre, complètement vierge, mais... beaucoup plus grand ! Déboiser un autre terrain, quelle belle aventure (pour l'autre !).

J'étais, vous l'avez deviné, en présence de deux personnes qui ne prisaient pas du tout ce genre d'activités mais qui s'y prêtaient parce qu'elles s'étaient engagées à partager la vie de l'homme qu'elles aimaient. Elles se croyaient moralement dans l'obligation de vivre au même diapason, d'avoir et les mêmes goûts et les mêmes intérêts. Elles auraient préféré lire un bon livre ou visionner un film, se retrouver en agréable compagnie autour d'une bonne table ou encore faire tout bonnement autre chose.

Une question me vient à l'esprit : notre destin naturel de mère porteuse nous inciterait-il, nous les femmes, à porter et l'enfant et le père, et les projets de chacun des membres de la famille ? La culture intensive de l'amour, la recherche d'un conjoint, la maternité, nous laissent-elles le temps pour semer des graines de désirs personnels ? Pourquoi accepte-t-on de jouer le rôle de vacher, palefrenier, garde du corps, *helper*, caddie et figurant ? N'avons-nous rien à faire de notre vie ?

Nous serions portés à croire que les temps ont changé et que les jeunes femmes d'aujourd'hui agissent différemment. Allons voir.

Marcel et moi allons patiner à l'aréna le mardi. C'est un sport que nous aimons pratiquer tous les deux. Un de ces mardis tant appréciés, je vois arriver un jeune couple dans la vingtaine. La fille s'assoit sur le banc et le garçon s'installe pour patiner. Une demi-heure passe, une heure ; elle est toujours assise à la même place, recroquevillée dans son manteau, le regard dans le vide. Elle attend. Je demande à Marcel : « Mais que fait-elle ainsi sur le banc ? Et lui de répondre : « Elle aime ça ; elle regarde son *chum* patiner ! » « Ah oui ! ai-je dit, fulminant intérieurement, elle aime ça regarder son ami patiner. Elle en raffole sûrement pour le regarder une heure de temps. Si vraiment son *chum* pense lui aussi que sa petite amie éprouve un plaisir intense à le regarder évoluer sur la glace, alors elle peut s'attendre à passer plusieurs mardis sur le banc. »

J'étais furieuse contre moi. Cela n'était pas sans me rappeler mes longues heures d'attente, et cette facilité qui était mienne d'embarquer dans les projets de l'autre. Eh oui, je ne fais pas exception !

Conte de fée

Elle était jeune, petite et délicate. Elle habitait une maison achetée par sa sœur et y vivait en compagnie de son père, de sa mère et de son frère cadet. Les sources de revenus étant précaires, sa mère avait dû les placer très jeunes dans un orphelinat. À leur sortie, leur sœur, qui venait d'être engagée comme professeur, les avait tous pris en tutelle.

Marie travaillait depuis quatre ans comme professeur. Depuis ce temps, elle donnait la totalité de son salaire, compensant ainsi toutes ces années durant lesquelles sa sœur avait subvenu aux besoins de la famille.

À vingt-trois ans, elle n'avait ni compte en banque, ni placement, ni porte-monnaie, ni argent de poche. Elle n'avait aucun bien personnel. Elle s'abstenait de désirer quoi que ce soit, n'ayant pas les moyens de satisfaire ses désirs.

Elle voulait toutefois donner un sens à sa vie. Quant à la forme que prendrait la satisfaction de ce désir, elle n'en avait aucune idée. Son travail ne suffisait pas à combler ce besoin de réalisation personnelle. Les premières années d'enseignement avaient été très difficiles ; elle commençait à peine à se sentir à l'aise et en harmonie avec ce qu'elle faisait.

Il était jeune, beau, et il avait de bonnes manières ! Il travaillait pour son père depuis l'âge de treize ans. Son père, modéliste-tailleur, était gravement malade, ses jours étaient pratiquement comptés. Aussi confiait-il à son fils le soin d'ouvrir et de fermer la boutique. Il profitait des quelques heures de répit que lui laissait la souffrance pour expliquer à ce dernier les rudiments du métier, ce qu'il avait négligé de faire lorsqu'il était en pleine forme, considérant que l'heure n'était pas encore venue.

Jean avait depuis peu une petite automobile. À vingt-trois ans, il venait d'acheter la maison voisine qu'il partageait avec ses parents. Il avait également fait l'achat d'un terrain près du fleuve pour y bâtir un chalet. Il ne lui manquait plus que des enfants (ni plus ni moins qu'un club de baseball), et une mère pour ses enfants. Tels étaient ses désirs du moment.

Un jour, le beau jeune homme invita sa voisine, « la plus petite », à l'accompagner dans une sortie et, c'est ainsi qu'après quelques minutes de conversation, deux besoins se sont rencontrés : il avait besoin d'un statut d'homme marié et de père de famille et elle avait besoin de donner un sens à sa vie. Il a vu en elle l'épouse docile, peu exigeante, capable de se satisfaire de peu et, qui plus est, possédant toutes les qualités requises pour éduquer les enfants qu'il désirait avoir. Elle a reconnu en lui l'homme idéal, l'homme de bien, de principes, ayant de nobles aspirations, la personne honnête, sobre, en qui elle pouvait mettre toute sa confiance. Elle a vu en lui et en son projet de fonder une famille, l'opportunité de réaliser son propre souhait.

Donner un sens à sa vie se concrétisait et venait faire en sorte que le rêve de l'autre se réalise. Tout au fond d'elle-même, elle avait le secret désir de devenir pour l'autre une personne importante, la plus importante. Elle aurait aimé qu'on lui cite les paroles du livre d'Isaïe au chapitre 43 v. 4 : «Marie tu comptes pour moi, tu as du prix à mes yeux et je t'aime. ». Elle pensait qu'en jouant un rôle important dans la vie de quelqu'un, elle serait la personne importante. Elle espérait être l'épouse, la mère, la confidente, la complice et l'amie. Elle s'enthousiasma à l'effet de partager un idéal. Elle aimait l'idée, le projet, et elle crut de bonne foi aimer l'homme qui lui fournissait l'occasion de donner un sens à sa vie.

Lorsqu'il lui demanda de laisser l'enseignement pour devenir sa femme et la mère de ses enfants, Marie nageait dans le rêve. Peu de temps avant le mariage, elle transporta à pied le peu de bagages qui lui appartenait, le tout pouvant être contenu dans une toute petite valise. Ils se marièrent et eurent deux enfants. C'est ainsi que se termine ce conte de fée, le mien.

Le champ du voisin

En réalité, un *container* invisible transportait chez le voisin tous les besoins non satisfaits de mon enfance et tous mes problèmes non résolus : sentiment de rejet, d'abandon, piètre estime de moi, etc. Je passais en quelques minutes, financièrement et affectivement, d'une dépendance à l'autre.

La vie avait désormais un sens, le sens que Jean allait bien vouloir lui donner. En me mariant, je venais de changer de terrain, je venais de me porter volontaire pour travailler dans le champ du voisin.

Il va sans dire que je ne fus jamais pour lui la personne la plus importante (idée irréaliste, j'en conviens). Malgré mes efforts pour gagner sa confiance, je ne fus pas non plus sa confidente, ni sa complice, ni son amie. Avec le temps, je me suis résignée à cultiver le coin de jardin qui m'avait été assigné dès le début de notre rencontre : celui d'épouse et de mère. Puis un jour, j'ai dû plier bagage.

La petite valise ne suffisait plus à contenir et les enfants et les meubles. Les besoins non satisfaits et les problèmes non résolus me suivaient toujours dans mes déplacements.

Une vallée de larmes

Le déluge dura près de cinq ans. En attendant que la pluie cesse, je fis le ménage intérieur. Je me suis interrogée, j'ai réfléchi, j'ai cherché des réponses. J'ai surtout cherché à savoir ce qui m'avait menée à une telle impasse. J'ai passé et repassé le film de ma vie. J'ai essayé de comprendre le rôle tenu par chacun et j'ai surtout analysé celui que j'avais tenu. Pour finir, j'ai dressé le bilan de ce qu'avait été ma vie jusqu'à ce jour :

— J'avais toujours compté sur les autres pour satisfaire mon besoin d'aimer et d'être aimée. Dans les faits, comme le petit roi Harold, j'avais jusqu'ici été très mal servie.

— J'avais entretenu une mentalité d'esclave : j'offrais mes services, je cherchais toujours à travailler pour les autres... pour le prochain. Qui a déjà considéré son esclave comme la personne la plus importante de sa vie ?

— J'avais oublié que j'étais l'héritière d'un terrain et que je me devais de le cultiver. Je ne connaissais pas la nature de mon sol. J'étais ignorante dans l'art de faire le jardin de la vie.

— Je n'avais pas une vision claire et précise de ce que je voulais et de ce que je valais. J'allais, comme Alice au pays des merveilles, n'importe où et nulle part. C'est pourquoi je me suis égarée.

Après ces quelques années de réflexion, j'ai compris enfin que je ne pouvais compter sur autrui pour satisfaire mes besoins ; l'autre, le voudrait-il qu'il ne le pourrait pas, préoccupé lui-même par les siens. J'ai appris que personne ne peut, mieux que moi-même, identifier mes véritables besoins ni me donner entière satisfaction quant à leur réalisation. Je me suis rendue à l'évidence que si je voulais être une personne importante, je devais me considérer comme telle. L'expérience de la rupture m'a donné une leçon, à savoir que les besoins, les goûts et les intérêts changent au fil du temps et que cela fait également partie du mouvement de la vie.

Comme après le débordement du Nil, le jardin de ma vie était prêt à être ensemencé. Mais avant, je devais me poser les questions suivantes et répondre franchement. Pourquoi n'y répondrions-nous pas chacun, chacune pour soi ?

Qu'est-ce que je veux faire de MA vie ?

Être en paix avec moi-même + autrui
Avoir une vie de couple vraie + enrichissant
Développer de bonnes relations humaines
en communiquant franchement.

Qu'est-ce que je veux <u>exactement</u>, de façon <u>précise</u>, pour MOI ?

ouch ?

Qu'est-ce qui serait susceptible de ME rendre heureux(se) ?

Des relations vraies

L'indépendance financière

Qu'est-ce que je veux semer sur MON terrain ?

De l'amour, de la joie, de la paix, de l'équilibre et de ne jamais cesser de m'intéresser aux êtres humains

Avez-vous déjà fait le bilan de votre vie ? Parfois cela ressemble à un orage ou à une pluie torrentielle, mais je peux certifier que cela régénère le jardin de la vie, tout en procurant un effet rafraîchissant de longue durée.

Qu'avez-vous appris de la vie ? Quelles leçons de vie aimeriez-vous transmettre à vos enfants ou petits-enfants Spontanément, notez-le brièvement en quelques lignes.

D'être vraie + franche avec soi-même d'abord sans mépriser les autres.

D'avoir des rêves + des buts et travailler vers ceux-ci sans penser aux résultats

D'avoir de l'humour et de la joie dans le coeur tout en acceptant nos peines aussi

Jeannot Lapin

Heureuses les personnes qui, très tôt, savent ce qu'elles veulent faire de leur vie. Parmi les nombreuses histoires que je racontais, l'une faisait particulièrement la joie de Jean-François. Il ne se lassait jamais de l'entendre. Publiée également aux Éditions des Deux Coqs d'Or vers les années 70-71, cette histoire avait pour titre *Jeannot Lapin*. En voici le résumé :

Papa lapin, tout en faisant sauter son bébé dans ses bras, se demandait : «Que fera notre Jeannot quand il sera grand ?» Le grand-oncle lapin voulait qu'il soit mécanicien sur une grosse locomotive. Mais Jeannot Lapin ne voulait pas être mécanicien quand il serait grand ; il savait ce qu'il voulait être.

Le vieux grand-père lapin disait qu'il serait dompteur d'ours. La grand-mère pensait qu'il sera un bon facteur. Le petit cousin gourmand souhaitait que Jeannot ait une confiserie. Mais Jeannot, nous dit l'histoire, ne voulait ni être dompteur, ni facteur, ni confiseur. Il savait ce qu'il voulait être.

Puis l'histoire continue, chaque page est illustrée. Comme les images sont rafraîchissantes ! La cousine le voudrait docteur ; la tante lapin, maître nageur ; un de ses oncles le voit fermier. Mais Jeannot Lapin ne voulait ni être docteur, ni maître nageur, ni fermier quand il serait grand. Pouvez-vous deviner ce qu'il sera ? Après la centième lecture, c'est toujours le même suspense. Nous retenons notre souffle pour faire durer le plaisir. Nous reposons la question. Pouvez-vous deviner ce qu'il sera ? Il sera un chic papa, voilà ce qu'il sera. Et on le voit dans une page, entouré d'une ribambelle de bébés lapins et lapines. Dans l'autre page, on le voit poursuivre ses bébés et jouer à cache-cache. La dernière page de l'histoire nous le montre en train de mettre au lit tous ses bébés lapins.

Quelle merveilleuse histoire pour vos enfants et vos petits-enfants ! S'il reste encore de ces éditions pour enfants, faites-en l'achat, vous ne le regretterez pas.

Dites-moi, quand vous étiez jeunes, aviez-vous une idée aussi nette de ce que vous vouliez devenir ? Êtes-vous devenus ce que vous aviez souhaité ? Qu'est-ce qui a fait obstacle à la réalisation de vos désirs ? Et aujourd'hui, avez-vous une idée de ce que vous aimeriez devenir dans cinq ans ? Essayez de vous projeter dans l'avenir, comme Jeannot Lapin, et complétez les phrases ci-dessous :

Dans cinq ans, j'aimerais me voir...

Équilibrée en couple, joyeuse, en pleine forme, en paix + en amour

Dans cinq ans, j'aimerais avoir...

Le courage de rêver encore + encore...

Dans cinq ans, j'aimerais être...

Prenez conscience qu'il y a des personnes dans votre vie qui aimeraient vous voir garder le *statu quo*. D'autres voudraient vous voir devenir la personne que vous ne désirez pas réellement être. Certaines aimeraient réaliser à travers vous, par symbiose, leur rêve de jeunesse. Pouvez-vous identifier ces personnes ?

Halloween

Si vous n'arrivez pas à vous projeter dans l'avenir, c'est que vous souffrez de pénurie de graines. Je vous invite à courir l'Halloween. Il ne s'agit pas de ramasser des bonbons ; il s'agit de ramasser des graines, des idées de toutes sortes.

Frappons à toutes les portes et acceptons ce que les autres veulent bien nous donner. Accumulons dans notre panier plein de graines d'idées. Mais attendons d'être de retour à la maison pour les semer.

Installons-nous maintenant dans un endroit tranquille et faisons le tri. Parmi les bonbons ramassés par les enfants, certains vont directement à la poubelle. Le triage se fait avec parcimonie ; il ne faut pas hésiter à mettre de côté les bonbons douteux.

Vous n'avez pas d'idée ? Vous n'avez pas d'excuse. Levez-vous ; prenez votre carnet ; frappez aux portes ; allez voir vos amis, vos connaissances, vos compagnons et compagnes de travail ; faites votre cueillette. Celle-ci terminée, dans le silence de votre cœur, faites le tri. Ne choisissez que les graines, les idées qui ont de la valeur à vos yeux. Prenez la décision de ne garder que ce qui semble bon pour vous. Gare aux valeurs qui vont vous empoisonner l'existence telles la culpabilité, l'ambition exagérée, la compétition maladive. Attention aux bonbons durs qui gâtent les bons moments de la vie : le perfectionnisme, la bonté stupide et les autres.

Laissez votre conjoint, vos amis et vos enfants choisir leurs propres semences. Vous seuls êtes responsables de vos graines tout comme vous l'êtes de votre jardin.

La succession des valeurs

Qu'est-ce qu'une valeur? Une valeur est quelque chose qui est important, que l'on aime, qui a du prix à nos yeux. Lorsque cette expression est utilisée dans les affaires, on parle alors de valeurs mobilières, immobilières ou de valeurs boursières. Celles-ci peuvent être léguées et reçues en héritage. Les photos de famille, les souvenirs de voyage, les objets cadeaux sont, quant à eux, considérés comme des valeurs sentimentales. Ils n'ont de prix que pour le ou la propriétaire qui s'y attache sentimentalement. D'autres valeurs restent à découvrir, à exploiter et à défendre au besoin ; ce sont, vous l'avez deviné, nos valeurs personnelles.

Certaines valeurs viennent de notre héritage ancestral ; d'autres, de nos professeurs ou encore de nos collègues de travail ou de nos amis. Certaines encombrent nos vies, comme ces vieux meubles qui prennent trop de place et nous empêchent de respirer. D'autres sont comme des cadeaux de mariage : par peur de déplaire, nous les gardons sur nos tablettes et nous les sortons à l'occasion lorsque la personne qui nous en a fait cadeau nous rend visite. Quelques-unes ont été glanées ici et là, tout au long de notre vie.

Nos parents ont grandement influencé notre choix de valeurs. De deux choses l'une : ou nous avons gardé ou nous avons rejeté les valeurs qu'ils nous proposaient.

Ma mère aimait inconditionnellement toutes les personnes qu'elle rencontrait. Elle était d'une grande bonté et faisait preuve d'une grande générosité à l'égard de tous. Nous disions dans la famille qu'elle était bonasse. Elle n'avait rien à elle car le peu qu'elle possédait, on le lui empruntait sans retour. Son argent, son temps, son espace appartenaient à tous.

De ma mère, j'admire cette acceptation inconditionnelle de l'autre, preuve d'une grande bonté. J'aime également sa générosité à l'égard de tous. Je refuse cet excès de bonté et de générosité que j'ai vu se convertir, à maintes occasions, en prodigalité et en bonté stupide. Je refuse aux autres le droit d'utiliser, comme bon leur semble, mes biens, mon temps et mon espace.

Au contraire, mon père était conscient de ses besoins et savait les satisfaire. Il se considérait comme la personne importante. Dans ses décisions, il ne tenait aucunement compte des désirs, ni des goûts de ma mère. Lorsque celle-ci ou d'autres membres de la famille exprimaient des idées contraires aux siennes, il *piquait* une colère. Il ne faisait que très rarement les choses qui lui déplaisaient. Il jouissait d'une grande liberté : il faisait ce qu'il voulait, comme il le voulait, quand il le voulait et où il le voulait.

De mon père, j'aime cette estime qu'il avait pour lui-même. Je déplore le peu de considération qu'il avait pour les autres. J'admire cette permission qu'il se donnait de dire non à ce qui lui déplaisait. Par contre, je crois important d'assumer, aussi déplaisantes soient-elles, certaines responsabilités. J'aime cette liberté qu'il se donnait. Je refuse cette liberté lorsque les êtres que j'aime doivent en payer le prix.

Mes professeurs m'ont donné les clés du savoir, le goût d'apprendre. Ils m'ont appris à travailler avec ordre et méthode. J'ai appris avec eux à aimer la discipline. Ils ont su éveiller ma curiosité intellectuelle et me donner les moyens de la satisfaire, en développant chez moi les habiletés requises. Apprendre restera toujours pour moi une source de plaisirs.

Je regrette qu'ils ne m'aient pas appris à mettre en doute les connaissances qu'ils me transmettaient et à aller vérifier le bien-fondé de leurs affirmations. Ainsi, à dix-huit ans, je pensais encore que ce que le professeur disait ne pouvait qu'être vrai. Je croyais également que ce qui était écrit dans les journaux était véridique. Assez régulièrement, je disais : « Le professeur a dit... Je l'ai lu dans le journal... », lorsqu'un jour, ma sœur Laurette m'a fait la remarque suivante : « Ce n'est pas parce que ton prof l'a dit que c'est nécessairement vrai. » Ce fut une terrible révélation, tout un monde de confiance s'écroulait ; j'ai pensé m'évanouir ! Je venais de traverser en quelques secondes le mur de la foi. Il faut dire, à leur décharge que, comme la rose du Petit Prince, j'ai toujours été d'une telle naïveté !

L'éducation religieuse influence nos choix de valeurs. Je me réjouis de n'avoir gardé que le bon côté de l'enseignement religieux traditionnel. J'ai passé outre le péché et le sentiment de culpabilité qui s'y rattache, j'ai pris à la légère la menace de l'enfer et de ses tourments éternels. Je pense avoir évité le pire. Toutes mes valeurs religieuses ont comme prémices les connaissances apprises en deuxième année avec Sœur Jeanine Daoût. Mes lectures m'ont révélé que bien d'autres, avant et après Jésus, avaient, en utilisant un langage différent, exprimé les mêmes vérités.

Mes valeurs religieuses sont d'ordre universel : amour, solidarité, fraternité, réciprocité, complémentarité. Chaque grande philosophie a voulu faire la lumière sur les origines et les finalités de l'homme. Chacune a voulu clarifier le pourquoi de notre passage ici-bas et donner un sens à notre existence. C'est pourquoi je respecte chacune d'elles. Bien que différentes dans leur approche, elles se rejoignent dans leur fin, qui n'est nulle autre que la recherche de la Vérité. Je crois en l'Unité dans la diversité.

Prenez le temps de compléter le tableau suivant :

	Une valeur que j'accepte	Une valeur que je refuse
De ma mère	sa foi, sa droiture	L'oubli total de soi
De mon père	sa joie de vivre	son manque de considération
De mes profs		
De ma religion		
De mon milieu ou autre		

Des valeurs à la bourse

Comme on achète des valeurs à la bourse, nous allons faire l'acquisition de valeurs personnelles. Pour cela, je vais vous donner 2 000 dollars et une liste de désirs correspondants à des valeurs. Inscrivez à droite de chacun le montant que vous aimeriez investir. Vous devez dépenser le montant total qui vous est alloué, ni plus ni moins. Vous pouvez miser le tout sur un seul désir ou répartir votre capital. Cette mise vous permettra d'identifier quelles sont vos valeurs dominantes. Certaines de nos valeurs sont constantes, d'autres beaucoup plus fluctuantes : votre mise pourrait être très différente dans cinq ans. Aussi, il serait bon de vous requestionner à ce sujet régulièrement.

Il y a quelques années, j'aurais investi une bonne partie de mon avoir dans la possibilité de vivre un roman d'amour, mais le goût pour les romans s'est estompé. Secourir les malades et les malheureux me semblait et me paraît encore aujourd'hui être une noble cause, digne d'investissement. J'aurais apprécié une psychanalyse gratuite, j'apprécierais encore mais le besoin est moins grand. Pour passer du temps avec un maître, j'aurais, il y a dix ans, donné sûrement la moitié de mon avoir.

Comme dit la chanson de Jean-Pierre Ferland : « Non, je ne vois plus la vie de la même manière. » Il en sera de même pour vous d'ici quelques années, croyez-moi.

Vous rappelant qu'il n'y a pas de bonnes ni de mauvaises valeurs, faites votre mise...

LISTE DE DÉSIRS	Montant investi
1. Débarrasser le monde des préjugés.	
2. Venir en aide aux malheureux et aux démunis.	
3. Devenir un personnage célèbre.	
4. Trouver l'idée géniale qui fera doubler les revenus de ma compagnie.	
5. Recevoir un massage quotidiennement et goûter la cuisine du meilleur chef au monde.	
6. Posséder un antidote contre la corruption et le mensonge.	
7. Comprendre le sens de la vie.	
8. Avoir le loisir d'établir moi-même mes conditions de travail.	
9. Compter parmi les personnes les plus riches au monde.	
10. Être le premier ministre du pays.	
11. Vivre un vrai roman d'amour.	
12. Être propriétaire d'une maison luxueuse située dans un environnement enchanteur	
13. Être considérée comme la personne la plus attirante	
14. Vivre en santé jusqu'à 90 ans.	
15. Vivre une psychanalyse tous frais payés avec un spécialiste dans le domaine.	
16. Posséder une bibliothèque complète des grandes oeuvres à mon usage exclusif.	

17. Faire la volonté de Dieu et vivre en harmonie avec lui.	
18. Découvrir l'antidote contre les injustices.	
19. Avoir un(e) conjoint(e), des enfants, une belle famille, avec qui je partage des activités.	
20. Pouvoir donner un million de $ à l'organisme charitable de mon choix.	
21. Être choisi la « personnalité de l'année » et faire parler de moi dans les journaux.	
22. Être respecté et compétent dans la carrière de mon choix.	
23. Atteindre la sagesse.	
24. Verser un sérum de vérité dans toutes les sources d'eau du monde.	
25. Faire ce que je veux sans que l'on me dérange.	
26. Posséder une grande pièce pleine d'argent.	
27. Avoir la possibilité de contrôler le destin du pays.	
28. Avoir l'amour et l'admiration du monde entier.	
29. Pouvoir assister à des concerts, à l'opéra ou au ballet dans quelque pays que ce soit.	
30. Me donner un nouveau look.	
31. Avoir une pilule contre les lendemains de veille.	
32. Devenir membre à vie d'un club de perfectionnement physique.	
33. Me procurer un ordinateur qui sait tout et qui résout tous mes problèmes.	
34. Profiter de la vie et combler tous mes besoins et tous mes désirs.	
35. Passer tout le temps que je veux en compagnie de la plus grande personnalité religieuse (passée ou actuelles).	
36. Faire parti d'un groupement social et avoir un impact sur la vie communautaire.	

Nous constatons que, pour chaque désir, il existe une valeur correspondante. En voici le tableau.

TABLEAU DES CORRESPONDANCES	
1-6-18	Justice
2-20	Humanitarisme
3-9-21-28	Reconnaissance
22-4	Réalisation de soi
5-29-34	Plaisir
7-23	Sagesse
6-24	Honnêteté
8-25-34	Autonomie
0-26	Sécurité financière
10-27-36	Pouvoir
11-19-28	Amour
12-29-30	Esthétique
13-30	Attirance physique
14-31-32	Santé
15-33	Équilibre émotionnel
16-33	Connaissances
17-35	Religion

VOICI UNE BRÈVE DÉFINITION DE CHACUNE DES VALEURS CITÉES PLUS HAUT :	
Justice	Droits et devoirs de chacun
Humanitarisme	Souci du bien commun à l'humanité
Reconnaissance	Gratification de la part d'autrui
Réalisation de soi	Actualisation de son potentiel
Plaisir	Satisfaction et contentement
Sagesse	Bon sens et jugement sain
Honnêteté	Intégrité, loyauté
Autonomie	Indépendance
Sécurité financière	Absence d'inquiétude matérielle
Pouvoir	Autorité, influence sur les autres
Amour	Satisfaction du besoin d'aimer
Esthétique	Appréciation et jouissance de la beauté
Apparence physique	Souci de l'aspect de son corps
Santé	Bien-être physique
Équilibre émotionnel	Paix du coeur et de l'esprit
Connaissance	Recherche de la vérité
Religion	Communion avec l'Être suprême

Valeurs au quotidien

Une autre méthode de recherche des valeurs consiste à écrire, sur une centaine de cartes d'environ 3" x 5", toute une liste de ce qui vous est précieux dans la vie, de ce qui vous rend heureux, de ce qui fait que vous êtes contents de vivre. Vous le faites à partir du début de la journée, en n'inscrivant qu'une idée par carte.

Premier temps :

Par exemple :

— me lever avant ma famille pour avoir quelques instants à moi ;

— prendre un bon café en regardant par la fenêtre le lever du jour ;

— arriver à l'école plus tôt.

Continuez à remplir vos cartes sur une semaine ou plus. Si vous avez besoin d'une autre centaine de cartes, n'hésitez pas à vous les procurer.

Deuxième temps :

Après avoir fait ce travail, regroupez à l'aide de plusieurs élastiques ce qui vous semble faire partie de la même famille de besoins. Rassemblez toutes les cartes qui traitent de la santé physique, mettez un élastique et posez-les de côté. Faites un autre paquet en ce qui concerne l'équilibre émotionnel ; un autre pour ce qui touche votre besoin d'indépendance ; un quatrième pour ce qui relève de votre désir de savoir. Vous pouvez, dans votre classement, faire référence au tableau des correspondances mais ce n'est pas obligatoire.

Troisième temps :

Éliminez les cartes qui vous semblent superflues parce que répétitives.

Quatrième temps :

Prenez chaque paquet et placez les cartes par ordre d'importance des valeurs pour vous. Numérotez les cinq premières de chaque paquet.

Cinquième temps :

Maintenant, parmi les cinq cartes numérotées prises dans chacune des différentes catégories, faites une nouvelle sélection : ne gardez que dix cartes. Ordonnez celles-ci par ordre de priorité. Conservez les autres cartes dans un endroit sûr.

MES CINQ VALEURS PRIORITAIRES SONT :

....

....

....

....

....

....

....

....

....

....

Le jeu de réussite

Vous connaissez ce jeu de cartes qui consiste à rassembler en lignes verticales la famille entière de piques, de cœurs, de trèfles ou de carreaux, dans un ordre bien défini. En trichant un peu, on y arrive assez facilement !

Pour nous, il s'agit de faire l'inventaire de nos expériences de succès. Nos qualités, nos forces et nos habiletés se révèlent dans nos réussites.

Nos besoins et nos valeurs se manifestent également dans nos expériences négatives. Nous pouvons, comme dans le jeu de cartes traditionnel, déplacer certaines cartes qui ne nous conviennent pas du tout. Elles sont, au même titre que les autres, des plus révélatrices.

Expériences	Découvertes
1. Quand j'étais jeune à l'orphelinat, on me demandait souvent pour jouer dans les pièces de théâtre. On me faisait danser, chanter. J'avais du succès. Ma *tante soeur* était fière de moi.	1. Je déteste me donner en spectacle et être le point de mire. Ce n'est pas moi. J'ai fait beaucoup de choses pour faire plaisir. J'ai à apprendre à dire non à ce qui ne cadre pas avec ma personnalité.
2. À 15 ans, je lisais les prix Nobel. Je m'amusais à en faire les résumés. J'étais mordue de littérature. Je m'enfermais des heures pour réfléchir, lire et écrire des poèmes.	2. J'aime apprendre. Je suis autodidacte. J'apprécie la solitude, le calme et le silence. J'ai besoin de temps pour être seule avec moi-même.
3. De 13 à 18 ans, je m'occupais de terrain de jeux et de louvetisme.	3. J'aime les enfants et ils me le rendent bien.
4. J'ai un ami précieux qui est à la fois un amoureux et un compagnon de jeux, avec qui je partage une foule d'activités, mais je n'ai pas l'intention de le demander en mariage!	4. Je tiens à mon autonomie et à ma liberté. Plusieurs de mes activités favorites se vivent seule. Les périodes de silence, de calme et de solitude assurent mon équilibre émotionnel.

Plus vous pourrez identifier d'expériences, plus nombreuses seront les possibilités de découvertes. À votre tour, pour chacune des expériences, inscrivez vos découvertes.

Expériences	Découvertes

Remarquez maintenant les mots qui reviennent à plusieurs reprises : ce sont vos mots clés. Ils révèlent l'importance que vous accordez à ce besoin ou à cette valeur.

Vous avez maintenant entre vos mains les graines avec lesquelles vous allez faire votre jardin.

1. *Correspondent-elles à vos valeurs à la bourse ?*

2. *Ont-elles un lien avec les cinq valeurs prioritaires de votre mise ?*

3. *Y a-t-il une cohérence entre ces diverses valeurs que vous prônez ?*

4. *S'il ne vous restait que six mois à vivre, y a-t-il des valeurs que vous laisseriez tomber ?*

5. *Dans la projection de l'avenir que nous avons faite, ces valeurs ont-elles leur place ?*

6. *Correspondent-elles à vos trois souhaits ?*

Si vous avez répondu par un oui aux questions 1, 2, 3, 4, 5, 6, vous êtes sur la bonne voie. Assurez-vous que vos graines soient saines. Certaines maladies fongiques et bactériennes sont transmises par la semence. Il faut se procurer une semence de toute première qualité et, au besoin, la traiter soi-même. C'est ce que nous faisons actuellement en faisant le tri.

Les semences

Il est maintenant temps de faire un plan de jardin car un jardin mal ensemencé est difficile à cultiver. Dans le jardin de notre vie, planifier veut dire se trouver des buts, des objectifs qui vont donner un sens à notre vie. Ils seront de l'ordre du feu, de l'idéal à poursuivre, des vœux à réaliser ou d'une mission à atteindre. Comme nous planifions en fonction de la moisson future, la question que l'on se pose est : « Qu'est-ce que je veux récolter dans l'avenir ? » La semence se pense en fonction de la récolte.

Ces objectifs, que l'on appelle des objectifs de vie, sont des objectifs à long terme. Ils sont, par nature, stables et prennent quelquefois des années à porter fruit. Ils sont limités en nombre. La qualité de leur choix aura des conséquences déterminantes dans l'avenir.

Je vous propose, à titre indicatif, un sac de graines « non traitées » d'objectifs à long terme. Si vous avez l'intention de les utiliser, n'oubliez pas de les faire traiter ou de les traiter vous-mêmes.

OBJECTIFS À LONG TERME

- ☐ être compétent ;
- ☐ être en santé physique et mentale ;
- ☐ être bien dans ma peau ;
- ☐ me marier ;
- ☐ fonder une famille ;
- ☐ prioriser les valeurs familiales ;
- ☐ avoir un « chez-soi » ;
- ☐ changer d'emploi ;
- ☐ voyager ;
- ☐ exceller dans la carrière de mon choix ;
- ☐ avoir ma propre entreprise ;
- ☐ être plus cultivé ;
- ☐ être à l'aise financièrement ;
- ☐ donner des spectacles à la télévision ;
- ☐ devenir vedette ;
- ☐ faire une carrière publique ;
- ☐ améliorer mes conditions de vie ;
- ☐ devenir maître de mes émotions ;
- ☐ acquérir la sagesse ;
- ☐ prendre ma retraite ;
- ☐ faire du bénévolat ;
- ☐ vivre sereinement.

Les objectifs à moyen terme se précisent en fonction du travail à effectuer pour atteindre mes objectifs à long terme. Ils répondent à la question : Comment faire pour... ? Ils sont de l'ordre de l'air, de projets à mettre sur pied, de planification, de voyages à organiser, d'économies à réaliser ou encore d'études à faire. Ils sont réalistes, clairement définis. Plusieurs choix, plusieurs options sont possibles. Tous sont sujets à changement. Ils convergent directement vers l'idéal à atteindre.

Un homme d'affaires désire prendre sa retraite d'ici cinq ans (objectif à long terme). Il pense vendre son commerce ou donner la gérance à son fils (objectif à moyen terme). Il hésite à savoir s'il devrait (à moyen terme) garder la maison et le chalet ou garder le chalet et vendre la maison ou encore vendre le tout et s'acheter un « motorisé » pour voyager. Il essaie de s'imaginer vivant différentes activités ; il se visualise heureux, jouant au golf, ou encore mieux, sur le bord de la route admirant un beau paysage. Sur son écran mental, il voit son épouse réjouie, profitant avec lui d'une agréable retraite.

Pour que vous puissiez saisir plus facilement, voici quelques objectifs à moyen terme, pouvant aider à la réalisation des objectifs à long terme qui précèdent.

OBJECTIFS À MOYEN TERME

- retourner aux études ;
- finir mes études ;
- surveiller mon alimentation ;
- faire de l'exercice ;
- trouver l'âme soeur ;
- faire un, deux ou trois enfants ;
- acheter ou construire notre maison ;
- me garder du temps pour les miens ;
- faire une étude de marché ;
- organiser mon emploi du temps ;
- travailler davantage ;
- lire davantage ;
- économiser chaque semaine ;
- me trouver un imprésario ;
- mousser ma publicité ;
- me présenter aux élections ;
- suivre une thérapie ;
- participer à des cours de croissance personnelle ;
- méditer, prier ;
- quitter mon emploi ;
- étudier les besoins du milieu.

Les objectifs à court terme nous installent les deux pieds sur terre. Ils sont mesurables, datés, concrets, précis et fractionnables. Ils s'inscrivent dans l'agenda de la semaine ou du mois. En voici une liste :

OBJECTIFS À COURT TERME

- m'inscrire à des cours de piscine ;
- acheter des fruits et des légumes ;
- prendre rendez-vous à la clinique ;
- m'inscrire à l'université ;
- visiter des terrains à vendre ;
- voir un architecte ;
- me lever plus tôt ;
- téléphoner à Sylvie, Annie ;
- rentabiliser mon emploi du temps ;
- inviter à souper des entrepreneurs ;
- prendre des informations à la banque ;
- m'inscrire au cours du mercredi ;
- prendre un abonnement à des conférences ;
- demander des retraits automatiques ;
- dresser la liste de mes dépenses ;
- m'inscrire à des cours de relaxation ;
- prendre rendez-vous avec un thérapeute ;
- discuter en couple des modalités de notre retraite ;
- rencontrer des retraités heureux ;
- se rendre au centre de bénévolat.

Pomme, poire ou pomme de route.

Les objectifs à long terme sont souvent exprimés en termes vagues : « Je veux réussir ma vie. » « Je veux me réaliser. » « Je veux m'épanouir dans ma vie de couple. » Tout cela est bien, mais si immatériel que les applications peuvent prêter à confusion et à interprétation. Vous savez comme moi que ce qui me rend heureuse peut être, pour vous, source d'ennui et vice-versa. On dit bien que : *Ce qui fait le malheur des uns fait le bonheur des autres.*

Les mots les plus simples peuvent porter à confusion. Voici un exemple : vous venez assister à mes cours ; je vous demande de dessiner votre fruit préféré. Quelle surprise alors que j'installe les œuvres reçues : une poire, un kiwi, une orange, de voir arriver un dessin représentant des pièces de monnaie puis un autre représentant un enfant ! L'argent n'est-il pas le fruit du travail de l'homme tout comme le kiwi est le fruit du travail de la terre ? L'enfant n'est-il pas le fruit de l'homme et de la femme ?

Je continue le jeu. À l'école, voulant être très précise, je demande aux enfants d'apporter pour le lendemain une pomme. Devrais-je être surprise de retrouver, sur mon bureau, une pomme rouge, une pomme verte, une pomme de terre, une pomme de pin, une pomme de laitue, une pomme frite, une pomme de douche ou qui sait ... une pomme de route ?

Tout le monde sait qu'on ne plante pas les mêmes graines pour récolter une pomme délicieuse que pour récolter un ananas car chaque graine porte en elle une semence conforme à sa nature.

Nous oublions par contre que, dans l'identification de nos objectifs, il nous faut être très clairs et très précis. Prenons un exemple : si je choisis comme objectif à long terme de devenir de plus en plus autonome, c'est bien ; mais quelle forme prendra cette quête d'autonomie ? Je dois donc m'interroger pour préciser dans quel sens je dirigerai mes objectifs, à moyen et à court terme.

Est-ce que je recherche l'autonomie financière ? Qu'est-ce qui me conviendrait davantage : un compte d'épargne séparé de mon conjoint ou de ma conjointe, une augmentation de salaire, un plus grand nombre d'heures de travail, une diminution de mes dépenses ou la cotisation à un REÉR ?

Est-ce ce que je recherche une autonomie dans ma vie de couple ? Aimerais-je avoir des soirées libres consacrées à des activités solitaires, telles la lecture ou l'écriture, ou encore me permettre des sorties entre amis, aller au restaurant, vivre des activités sportives, suivre des cours du soir ? L'achat d'une deuxième automobile comblerait-elle ce besoin d'autonomie, éliminant les inévitables et souvent fastidieuses négociations lors des sorties ?

Ai-je besoin de plus d'autonomie au travail ? Suis-je un simple exécutant ou exécutante ? Est-ce que j'aimerais prendre plus d'initiatives personnelles ? Aimerais-je être mon propre patron ?

Est-ce une autonomie en terme d'espace ? Aimerais-je avoir mon bureau, ma chambre, ma chambre de bain, mon logement, ma maison ?

Est-ce que je désire une autonomie personnelle ? Il y a des individus qui ont besoin de compagnie, d'autres non. Si vous aimez la solitude, vous devez sans cesse vous battre pour conserver votre autonomie ou votre désir de rester seul.

Certaines personnes aiment faire leurs courses, aller au cinéma, prendre des marches, manger au restaurant, suivre des cours et faire toutes sortes d'activités accompagnées d'amis ou de membres de leur famille ; d'autres prennent plaisir à faire toutes ces activités seules. Ce sont là deux besoins différents qui méritent, l'un comme l'autre, d'être respectés.

Changez de trou

Lorsque nous avons fait l'inventaire des outils, nous nous sommes identifiés à un tout-terrain. Il nous faut donc véhiculer nos objectifs sur plusieurs plans pour exploiter notre pouvoir potentiel.

Denis Waitley dans son livre *Les saisons du succès*, dit avec sagesse : «Ne semez pas toutes vos graines dans le même trou.» Il faut semer à la fois sur le plan physique, intellectuel, affectif et spirituel. Il faut également semer sur le plan personnel, familial et communautaire. Si vous semez de façon compulsive dans un seul plan, vous récolterez le déséquilibre. Souvenez-vous de l'image de la balance.

Sur tous les plans, certains objectifs sont comme des petits arbustes qui poussent à court terme, en l'espace d'une saison ; d'autres sont comme des arbres fruitiers : ils peuvent prendre des années avant de porter fruit.

Semer sur le plan physique, c'est souvent semer au niveau du bien-être, de la sécurité matérielle, du confort et du plaisir. Je vous donne un exemple d'objectifs sur le plan physique (dans le tableau p. 171).

Semer sur le plan intellectuel s'exprimera en termes de connaissances à acquérir et d'habiletés à développer. Ces objectifs répondent à un besoin de performance, de reconnais-sance, de pouvoir et de réalisation de soi. (Voir tableau p. 173.)

Sur le plan relationnel, le but recherché répond à un besoin d'aimer et d'être aimé. Il touche la relation avec le conjoint, la conjointe, les enfants, les amis, les compagnons ou compagnes de travail. (Voir tableau p. 172.)

Semer sur le plan spirituel semble parfois moins évident et moins rentable. Pourtant, la réussite sur les autres plans dépend pour beaucoup de ce que l'on a semé spirituellement. Marc-Aurèle, qui était à la fois empereur romain et grand philosophe, disait qu'il n'y avait aucune raison de ne pas réussir une semence spirituelle car elle ne dépendait aucunement de nos habiletés, non plus que de nos aptitudes. Dans *Pensées pour moi-même*, il écrit:

> «*On n'a pas lieu d'admirer ton acuité d'esprit, soit. Mais il est bien d'autres qualités dont tu ne peux pas dire: «Je n'ai pour elle aucune disposition naturelle.» Acquiers-les donc, puisqu'elles dépendent entièrement de toi: sincérité, gravité, endurance, continence, résignation, modération, bienveillance, liberté, simplicité, austérité, magnanimité. Ne sens-tu pas combien, dès maintenant, tu pourrais acquérir de ces qualités, pour lesquelles tu n'as aucune incapacité naturelle, aucun défaut justifié d'aptitude?*»

Nous pourrions allonger la liste et faire pousser d'autres graines, toutes aussi utiles: le calme, la concentration, la réflexion, la persévérance, la joie, l'enthousiasme, l'optimisme et bien d'autres encore. (Voir tableau p. 174.)

OBJECTIFS PHYSIQUES		
Long terme	Moyen terme	Court terme
☐ Améliorer ma condition physique.	✔ Perdre du poids.	■ M'inscrire à un programme de contrôle du poids.
	✔ M'alimenter sainement.	■ Consommer plus de fibres de fruits et de légumes. Réduire la consommation d'aliments riches en gras et en sucre. Boire de l'eau de préférence au café et à l'alcool.
	✔ Faire de l'exercice.	■ Marcher. Utiliser l'escalier. Stationner plus loin. Aller à la piscine.
	✔ Prendre l'air.	■ Jouer avec les enfants dehors. Pratiquer des sports de plein air : ski de fond ou alpin, raquettes, patin, canot, bicyclette.
☐ Vivre plus confortablement.	✔ Assurer ma sécurité financière.	■ Économiser. Faire effectuer des retraits automatiques. Faire des placements à terme. Cotiser à un REÉR.
	✔ Acheter une maison plus grande.	■ Voir un courtier. Visiter. Prévoir une possibilité d'échange.
	✔ Prendre des vacances avec ma famille.	■ Planifier la fréquence, le lieu, le nombre de jours, le coût.
	✔ Acheter une deuxième voiture.	■ Lire les petites annonces. S'informer auprès d'amis, de connaissances.

OBJECTIFS RELATIONNELS		
Long terme	Moyen terme	Court terme
☐ Avoir une vie de couple plus épanouissante.	✔ Apprendre à communiquer au sujet de mes besoins. ✔ Régler quelques différends. ✔ Avoir une vie sexuelle satisfaisante. ✔ Se fixer des objectifs de couple.	■ Voir livres à la bibliothèque sur le sujet. Prendre des billets pour assister à des conférences. Suivre en couple des sessions de croissance personnelle. ■ Prendre le temps de s'écouter et de se dire. Consulter à l'occasion un thérapeute. ■ S'organise quelques soupers en tête-à-tête. Se réserver des soirées intimes. Préserver son intimité. ■ Planifier l'avenir. Redéfinir ensemble nos aspirations, nos désirs, notre idéal de vie.
☐ Vivre et laisser vivre.	✔ Respecter les différences de caractère et de personnalité. ✔ Accepter les divergences d'opinions, de goûts, de besoins.	■ Accepter les autres tels qu'ils sont sans porter de jugement de valeur. Arrêter de vouloir que les autres soient comme moi j'aimerais qu'ils soient. ■ Éviter de vouloir tout contrôler. Me mêler de mes affaires. Couper court à toute forme de critiques.

OBJECTIFS INTELLECTUELS		
Long terme	Moyen terme	Court terme
☐ Acquérir des connaissances pour performer dans mon travail.	✔ Retourner aux études.	■ M'inscrire à des cours du soir au CEGEP ou à l'Université.
	✔ M'astreindre à des lectures systématiques.	■ Dresser une liste de livres se rapport aux sujets qui m'intéressent. Me procurer des livres à la bibliothèque. Me réserver des périodes de lecture.
	✔ Faire des recherches personnelles.	■ Rencontrer des personnes ressources. Demander des conseils. Expérimenter.
☐ Me discipliner.	✔ Réfléchir avant d'agir.	■ Faire des listes. ■ Déterminer les actions prioritaires. ■ Garder à vue mes objectifs à long terme.
	✔ Travailler avec méthode.	■ Avoir un agenda. ■ Planifier la veille ou en début de journée. ■ Travailler par étapes.

OBJECTIFS SPIRITUELS		
Long terme	Moyen terme	Court terme
☐ Devenir de plus en plus aimante	✔ Percevoir l'unité avec les êtres qui m'entourent.	■ Communiquer sincèrement, franchement. ■ Expérimenter à partir du point de vue de l'autre. ■ Rechercher les similitudes qui nous réconcilient. ■ Éviter les jugements qui accentuent la dualité et nous divisent.
☐ Vivre sereinement.	✔ Vivre dans le présent. ✔ Pardonner. ✔ Lâcher prise.	■ Ne pas me complaire dans un passé déjà mort ou dans un futur imaginaire. ■ Tourner la page chaque jour. ■ Me libérer du désir de contrôler les personnes et les événements. ■ Passer de l'exigence à la préférence.

Patience!

S'il est une qualité qui s'avère indispensable, alors que nous nous apprêtons à cultiver notre jardin, c'est la patience. Les objectifs à long terme et à moyen terme en demandent beaucoup.

Les compagnies qui sèment dans le monde de la finance le savent. IBM a réussi à faire un chiffre d'affaires de 1 million de dollars après 46 ans d'activité. Il a fallu à la compagnie Xérox 63 ans pour atteindre ce même chiffre. Quelle persévérance !

Margaret Mitchell, auteure d'*Autant en emporte le vent,* a soumis son manuscrit à 80 éditeurs qui l'ont tous refusé avant que le 81e ne le publie. On en a fait un film qui a eu un succès fou.

Un proverbe dit : *Patience! Avec le temps, l'herbe devient du lait.* L'impatience nous fait déterrer les graines et nous fait tirer sur les plants. Un autre dicton nous dit : *Patience et longueur de temps valent mieux que force et que rage.* La patience est associée au temps. Dans notre monde où tout est *fast*, il nous est bien difficile d'être patients.

Souvenons-nous de l'histoire du Petit Prince. Celui-ci dit à l'allumeur de réverbère : « Allons voir un coucher de soleil. » L'allumeur de lui dire : « Mais il faut attendre. » « Mais attendre quoi ? » demande candidement le Petit Prince. L'allumeur de réverbère se met à rire et lui dit : « Mais attendre que le soleil se lève. »

Il y a, nous dit l'Ecclésiaste, un temps pour chaque chose. Il y a donc un temps pour les semailles et un temps pour les récoltes. Entre les deux périodes, il y a pour nous ce que l'on appelle un temps d'attente à respecter. De la conception à la naissance, il y a aussi un temps de maturation, un temps de croissance qui nous paraît parfois être un temps mort, lorsqu'il s'agit de la poursuite de nos objectifs.

Amusez-vous à faire la liste de tous les endroits où vous devez attendre votre tour. Vous conviendrez que la patience est une vertu qui a encore sa place dans notre monde actuel.

Être capable d'attendre, c'est être capable de différer le plaisir. Le Dr M. Scott Peck en parle longuement dans son livre *Le chemin le moins fréquenté*. Apprendre à retarder la satisfaction, c'est apprendre à être patient.

Notre Petit Prince n'est pas très patient ; il est jeune et impulsif. Il cherche des amis et il est pressé d'en trouver. Lorsqu'il rencontre le renard, sans retenue, il l'aborde : « Viens jouer avec moi. » Le renard qui connaît les règles de l'amitié, lui rétorque : « Je ne peux pas, je ne suis pas apprivoisé. Si tu veux être mon ami, apprivoise-moi. » C'est ainsi que le renard apprend au Petit Prince, qu'à partir du moment où l'on sème la graine de l'amitié, il faut y mettre du temps pour que l'amitié puisse croître et s'épanouir petit à petit. « Il faut être patient », dit le renard. Lui qui attend le bon moment pour chasser les poules, sait très bien ce que signifie être patient.

Un dernier coup d'œil

Reprenons nos graines avec lesquelles nous pensons faire notre jardin :

- — nos trois vœux ;
- — nos valeurs prioritaires ;
- — notre projection sur l'avenir ;
- — notre jeu de réussite.

Il s'agit de transformer ces graines en objectifs et cela sur des plans différents de notre vie. Prenons un crayon, un cahier, ou encore des petites cartes 3" x 5" et, pour l'année ou pour les cinq prochaines, fixons-nous, à partir de toutes les graines que nous avons en main, trois ou quatre objectifs à long terme. Nous devons nous souvenir que les objectifs à long terme doivent être limités en nombre.

Maintenant, passons ces objectifs à la lumière de la raison. Assurons-nous qu'ils soient vraiment les nôtres, qu'ils soient réalistes. Des objectifs trop élevés nous conduisent inévitablement à l'échec; ils dénotent une surestimation de notre potentiel ou notre désir d'échouer. Des objectifs réduits mettent en évidence le peu d'estime que nous nous portons et la peur que nous avons ou d'échouer ou de réussir.

Les graines à la loupe

— Selon l'étude de terrain faite au premier chapitre, vos objectifs conviennent-ils à votre caractère et à votre personnalité? Par exemple: vous choisissez comme objectif de faire carrière dans la politique; vous êtes une personne timide, émotive, vous préférez la solitude aux bains de foule. Votre objectif ne risque-t-il pas de mettre en péril votre équilibre émotionnel? Voyez s'il n'y a pas conflit entre votre objectif et votre personnalité.

— Selon l'étude faite au chapitre deux, avez-vous des idées irréalistes concernant vos objectifs? Conservez-vous des illusions? Pensez-vous que tout se fera sans peine et sans effort? Vos objectifs sont-ils dictés par le désir de surpasser autrui ou de performer de façon exagérée?

— Selon l'étude faite au chapitre trois, avez-vous les outils pour cultiver par la suite vos objectifs? Y a-t-il une faiblesse physique, intellectuelle, psychologique ou morale qui pourrait être un obstacle infranchissable, vous empêchant d'atteindre votre objectif? Par exemple : vous voulez devenir vétérinaire ; vos aptitudes intellectuelles ne répondent pas aux exigences fixées par l'université. Ne vaut-il pas mieux opter pour un objectif plus réaliste et choisir une technique vétérinaire ?

— Selon l'étude faite au chapitre quatre, les objectifs conviennent-ils à vos besoins réels ? Par exemple : vous adorez votre travail ; vous êtes encore tout feu tout flamme à l'idée de vous y rendre ; vous avez des idées plein la tête pour exploiter le potentiel de votre entreprise. Cependant, pour plaire à votre époux ou épouse et pour laisser de la place aux jeunes, vous projetez de prendre votre retraite.

Assez tergiversé, il est temps pour nous de semer.

OBJECTIFS		
Long terme	Moyen terme	Court terme

Semer sur son propre terrain

Quelques graines à conserver :

❖ Avant de semer, il est important de connaître son terrain : savoir qui on est, connaître ses aspirations, ses goûts, ses forces, ses faiblesses, ses talents.

❖ Avant de semer, il faut savoir ce que l'on veut : ce qui est bon pour nous ; ce qui est bien pour nous ; ce qui nous rend heureux ; ce qui répond à nos vœux.

❖ Si nous n'avons rien à semer, d'autres viendront utiliser notre jardin pour semer leurs propres graines et nous serons frustrés.

❖ Avoir des graines, c'est avoir des rêves, des désirs et des souhaits. C'est être capable de se projeter dans l'avenir.

❖ Découvrir ses valeurs, c'est faire la cueillette de graines à semer.

❖ Semer, c'est se fixer des objectifs spécifiques à atteindre, en vue de réaliser ses rêves et ses aspirations.

❖ Les objectifs à long terme vont dans le sens de notre idéal, de nos ambitions. Les objectifs à moyen terme sont les moyens par lesquels nous les réaliserons. Les objectifs à court terme s'inscrivent dans notre agenda quotidien.

❖ Il faut s'assurer que les différents objectifs soient réalistes et n'entrent pas en conflit les uns par rapport aux autres.

❖ Pour éviter un déséquilibre, un petit conseil : ne pas semer toutes ses graines dans le même trou.

❖ Semer une graine ou deux de patience peut être fort utile.

CHAPITRE VI

Cultiver son jardin _____

> « Il est plus facile de savoir comment
> on fait une chose que de le faire. »
>
> PROVERBE

Un défi de taille

Nous avons, depuis le début, parcouru plusieurs étapes avant d'en arriver à pouvoir cultiver notre jardin. Nous avons étudié notre sol; nous avons fait l'inventaire de nos outils; nous avons identifié nos besoins; puis, nous avons semé nos graines.

Dès lors, nous pouvons et nous nous devons de prévoir les obstacles. Quelques-uns proviennent du terrain lui-même. Nous en avons longuement parlé; il s'agit de nos faiblesses de caractère ou de personnalité, pouvant rendre difficile la culture d'un jardin. D'autres ont trait à la mauvaise qualité des outils: peu de connaissances et d'habiletés se rapportant aux objectifs fixés. Font obstacles également les mauvaises habitudes difficiles à déraciner et qui refont surface à tout moment, telles que l'inertie, la tergiversation, les manœuvres dilatoires, l'apitoiement, certaines dépendances comme le goût du jeu ou l'alcoolisme. Citons également la difficulté d'assurer l'équilibre des besoins essentiels à la croissance. Semer des graines qui ne conviennent ni au terrain, ni aux outils dont nous disposons est à l'origine de plusieurs obstacles. L'ultime obstacle ou l'obstacle majeur est le découragement.

Où en sommes-nous? Nous en sommes à la période la plus difficile qui soit : le travail. Cultiver son propre jardin est en soi tout un défi à relever.

Au travail !

Voilà, le mot est enfin lâché. Fermez les yeux et détendez-vous complètement; inspirez profondément puis expirez; refaites cet exercice de respiration jusqu'à ce que vous vous sentiez complètement détendus. Laissez-vous maintenant habiter par le mot TRAVAIL. Laissez monter en vous toutes les images que ce mot projette sur votre écran mental. Imaginez des personnes ou vous-mêmes au travail. Trouvez un symbole représentatif de ce qu'est le travail pour vous. Quelle est pour vous la couleur dominante du travail? À quel son correspond le mieux le mot travail? Comment ce mot résonne-t-il dans votre tête? À quel instrument de musique associeriez-vous ce mot? Quelle est l'odeur du travail pour vous? Quelle impression ce mot laisse-t-il sur votre épiderme et dans tout votre corps? Voyez, écoutez, sentez, touchez, communiez avec ce mot.

Notez vos découvertes dans un cahier personnel. Dessinez ce que vous avez vu. Y avez-vous vu de longues lignes d'esclaves fatigués, harassés, ployant sous le poids de leur fardeau, défilant devant les pyramides d'Égypte ; ou bien avez-vous vu les porteurs d'eau de la cité de Babylone? Dessinez. Vous ne vous reconnaissez aucun talent pour le dessin? Allez à la bibliothèque et sortez un livre relatant l'histoire de l'Égypte ancienne. Faites une copie de cette image qui vous convient et collez-la dans votre cahier. Y avez-vous vu les galériens condamnés à ramer jusqu'à épuisement? Avez-vous senti leur sueur fétide? Dessinez. Faites des montages, des collages, exprimez vos découvertes. L'impression que vous donne ce mot est-il synonyme d'une grande noirceur, une impression d'enfer? Peu importe, vos découvertes doivent s'exprimer et voir le jour.

Depuis l'histoire de nos premiers parents, nous sommes condamnés à travailler. Dans la Genèse, Dieu dit à Adam : « Tu travailleras à la sueur de ton front », et à Ève : « Tu enfanteras dans la douleur. » À chacun, Il parle de jardin et à chacun, Il spécifie qu'il n'y aura pas de récolte sans douleur. Nous gardons encore cette expression lors de l'accouchement : « Elle est dans la salle de travail. Le travail avance. »

LE ROCHER DE SISYPHE

On a longtemps associé travail et péché, travail et condamnation. L'histoire mythique de Sisyphe vous revient-elle en mémoire?

> *Sisyphe, fils d'Éole et roi de Corinthe, rançonnait les voyageurs passant par l'isthme ; il fut tué par Thésée et condamné dans les Enfers à rouler un rocher jusqu'au sommet d'une montagne d'où il retombait aussitôt.*

Plusieurs considèrent leur travail comme le rocher de Sisyphe, soit comme une tâche ingrate et interminable, une condamnation à vie.

LA CAROTTE

Certains peuvent avoir vu dans le travail cette image de la carotte qui fait avancer l'âne. La rétribution, la rémunération apportée par le travail devenant alors une monnaie d'échange permettant de réaliser ou d'obtenir quelques biens, autrement plus désirés et désirables que le travail : un objet convoité depuis longtemps, une sortie, des vacances. Combien parmi nous se rendraient au travail, sachant ne pas recevoir de rétribution?

LE ROYAUME DES CIEUX

L'enfer, l'esclavage, la galère, la corvée, autant de mots et d'images pouvant définir le mot travail lorsque nous considérons celui-ci comme une contrainte, une répression, une condamnation. Est-ce cela la vraie nature du travail? Pourquoi ne pas associer travail et réalisation, travail et expression? Gérard Langlois dans son livre, *Vivre en Zigzag,* nous explique que le Royaume des Cieux dont parle l'Évangile n'est rien d'autre qu'un royaume d'expansion. Il explique : «Et qu'est-ce que l'expansion sinon l'action d'augmenter, de croître, d'étendre, de multiplier, d'ajouter, de *créer*?»

Tout travail, s'il est bien compris, peut devenir un projet d'expansion, un projet au sein duquel nous pouvons nous épanouir, nous transformer, grandir, croître, développer notre potentiel et nous réaliser au maximum. Tout est en nous sous forme de graines qui ne demandent qu'à être mises en terre pour porter des fruits au centuple.

Travailler sur le terrain

Travailler sur le terrain, c'est faire en sorte que notre semence porte fruit en lui procurant un milieu favorable. En ce qui nous concerne, c'est donner à nos objectifs l'opportunité de se réaliser. Revenons à notre parabole du semeur.

«Voici qu'un semeur sortit pour semer; comme il semait, des grains tombèrent le long de la route, et les oiseaux vinrent et les mangèrent. D'autres tombèrent sur les endroits pierreux, où il n'y avait pas beaucoup de terre et aussitôt ils levèrent parce qu'ils n'y avait pas de profondeur de terre. Mais quand le soleil se leva, ils furent brûlés et parce qu'ils n'avaient pas de racine, ils se desséchèrent. D'autres tombèrent parmi les épines et les épines montèrent et les étouffèrent. D'autres tombèrent enfin sur de l'excellente terre et ils se mirent à donner des fruits, celui-ci à cent, celui-là à soixante, l'autre à trente pour un.»

MATTHIEU 13: V. 3 À 10

Il ne suffit donc pas de semer, d'avoir dans sa tête ou sur papier des objectifs; il faut veiller à ce qu'ils prennent racine. Tout le monde sait qu'un chêne produit chaque année assez de glands pour donner naissance à une forêt entière. Pourtant, de ce grand nombre de semences, seuls un ou deux glands deviendront des arbres. Les écureuils en font leur nourriture favorite et s'en approvisionnent en abondance. La dureté du sol environnant donne peu de chance aux glands restants de prendre racine. Il faut donc ameublir notre terre, mettre de l'engrais, enrichir notre personnalité, mûrir nos objectifs, communier avec eux et s'en nourrir chaque jour pour qu'ils prennent racine.

Si le grain ne meurt, nous dit l'Évangile, il ne peut porter de fruits. La mort n'est pas synonyme d'anéantissement mais plutôt de transformation. Mourir, nous l'avons vu, veut dire changer de forme. Nos objectifs doivent eux aussi se transformer en projets concrets et réalisables, sinon ce ne sont que des idées en l'air.

Il ne faut pas s'illusionner : cultiver un jardin n'est pas chose facile. Le succès n'est pas l'œuvre du hasard. Dans le film réalisé par Steven Spielberg, *L'Empire du Soleil,* un jeune Anglais qui vit, comme il le dit lui-même, dans « l'opulence et la luxuosité », dit à son père : « Nous en avons de la chance de vivre ici et d'avoir beaucoup. » Le père, riche exportateur de répondre : « Ce qui est bizarre, c'est que plus je travaille, plus on a de la chance. » Il faut déraciner toute illusion de facilité. Un proverbe dit : *Rien de beau ne se fait sans beaucoup de fatigue.* Pensez aux pyramides, aux cathédrales, aux grandes merveilles du monde. Tout cela ne s'est pas fait sans sueur.

LES RONCES QUI ÉTOUFFENT

Il faut également surveiller pour que les ronces ne viennent pas étouffer nos plans. Ces ronces ne sont pas autre chose que la peur de l'échec et la peur du succès.

Plusieurs n'entreprennent rien par crainte de l'échec. L'échec est souvent associé aux mots perdant, humiliation, déshonneur, honte, défaite, dévalorisation et piètre estime de soi. L'échec ne devrait-il pas être, comme il se doit, un jeu ? Les joueurs d'échecs ne s'avouent pas vaincus après une manche. Ils prennent plaisir à se mesurer à plus forts qu'eux. Ils n'espèrent pas gagner à tout coup. Ils prennent des risques. Lorsqu'ils perdent, ils étudient leur propre stratégie et celle du gagnant. Ils regardent en face leurs faiblesses.

L'échec peut être un puissant stimulant, un tremplin pour sauter plus haut, un temps d'arrêt pour aller plus loin. Souvent dans la vie, l'expression : *Qui perd gagne* trouve sa justification. L'échec n'existe que dans la tête des perdants. David J. Schwartz dans son livre *La Magie de voir grand,* nous relate des faits de toutes sortes démontrant que l'échec n'est qu'une expérience non réussie et non un drame comme plusieurs semblent le croire. Il y a là matière à réfléchir, sujets à étudier, causes à rechercher, faiblesses à identifier, travaux à réaliser, expériences nouvelles à vivre, plans à refaire et objectifs à redéfinir.

Tout est une question d'attitude. L'attitude positive face à l'échec est de le considérer comme une expérience d'apprentissage qui nous fait avancer vers notre réalisation personnelle. Celui ou celle qui considère la vie comme un jeu sait que perdre une manche n'est pas perdre la joute et se garde bien d'abandonner avant la fin.

Si certains ont peur de l'échec, d'autres ont peur du succès. Qui peut s'imaginer que quelqu'un puisse avoir peur du succès? Et pourtant, la peur du succès est peut-être plus grande que la peur de l'échec.

La personne qui réussit fait ce qu'elle désire, répond à ses besoins, à ses aspirations, se fixe des buts, travaille et atteint un jour ou l'autre ses objectifs. Elle ne se conforme pas aux diktats de sa famille ou de ses pairs ; elle n'est pas obnubilée par le besoin d'être aimée ; elle n'a pas un besoin morbide d'approbation et n'a pas peur d'être rejetée. La personne qui réussit suscite fréquemment l'envie, la jalousie, la désapprobation de son entourage immédiat et bien souvent le rejet. Albert Einstein disait : « Les grands esprits ont toujours rencontré une violente opposition de la part des cerveaux médiocres. » Emerson écrivait dans le même ordre d'idées : « Être grand, c'est être incompris. » Réussir, c'est sortir de la normalité, c'est souvent vivre beaucoup de solitude.

Certaines personnes ont peur de la réussite car elles ont peur d'être exploitées. Elles craignent d'être dévorées, *vampirisées* et saignées à blanc. Réussir dans un milieu où l'on croit que *chacun est né pour un petit pain* fait mentir l'adage et ceux qui se servent de cette fausse croyance pour justifier leur inertie ou leur paresse se sentent menacés dans leur identité ; ils peuvent vouloir rétablir l'équilibre en exhortant fortement les vainqueurs à partager leur butin. La possibilité qu'une telle chose advienne décourage souvent les moins aguerris dans la poursuite de leurs objectifs.

LES FINES HERBES DE LA CULTURE

Les vertus sont des fines herbes qu'il nous faut absolument cultiver, en plus de nos autres objectifs. Celles qui sont plus utiles dans la culture de notre jardin sont : la patience, la persévérance, le goût de l'effort et la constance.

❖ *La patience*

Les radis peuvent être récoltés au bout de 25 jours seulement. Ils représentent en quelque sorte nos buts à court terme. Par contre, les arbustes prennent de 4 à 6 ans et les arbres fruitiers de 8 à 10 ans avant de porter des fruits. Les pruniers prennent jusqu'à 12 ans avant de donner leur première récolte. « Il faut être patient » enjoignait le renard au Petit Prince de Saint-Exupéry. Gardez en mémoire ceci : « Quelques semaines pour des haricots... des années pour des abricots. »

Un remède à l'impatience : l'action. Ce qui rend impatient, c'est l'attente. Que ce soit chez le dentiste, le coiffeur ou le médecin, la période d'attente est toujours difficile à vivre pour celui ou celle qui ne s'occupe pas à des choses qu'il juge utiles. La réalisation d'objectifs à long terme exige de la patience. Tout travail se rapportant aux objectifs à court ou à moyen terme permet de réduire le stress occasionné par cette attente.

❖ *La persévérance*

Persévérer, malgré les difficultés rencontrées, est le contraire d'abandonner. Ne pas se laisser abattre par l'adversité, c'est faire preuve de volonté et de courage dans l'épreuve. Cela ne ressemble en rien à l'obstination maladive de celui ou de celle qui, se rivant le nez à un mur, persiste dans son entêtement. C'est avoir la ferme assurance, comme l'exprime si bien Jean Lapointe, « qu'un soleil se cache derrière chaque nuage ».

Pour faire preuve de persévérance, il faut avant tout être visionnaire. Être visionnaire signifie avoir une vision de l'avenir. C'est voir le projet réalisé et s'en réjouir à l'avance. Dès lors, aucun doute ne subsiste car l'objectif étant déjà réalisé dans la pensée, la manifestation n'est plus qu'une question de temps.

❖ *Le goût de l'effort*

L'effort nous rend forts, c'est bien connu. Les efforts répétés produisent l'endurance. Le paresseux ne peut pas cultiver un jardin. Il peut tout au plus semer dans une terre aride et non fertile. Puis il s'assoit, attendant que la semence lève et que la chance l'accompagne. Il est toujours surpris lorsqu'il se rend compte que la chance n'est pas au rendez-vous ! Il a pris au sens littéral les paroles de l'Évangile : « Semez et vous récolterez. » Il a la foi. Il a semé ; il a mis les graines en terre ; il attend manifestement que Dieu fasse le reste du travail jusqu'à la moisson.

Plusieurs confient à Dieu, au hasard ou à la chance, suivant leurs croyances, le soin de cultiver leur jardin. Ils sont inévitablement déçus lorsqu'ils se retrouvent, sinon dans l'indigence, du moins devant une piètre récolte. Ils accusent alors la malchance, Dieu, leurs parents, l'environnement, le système, d'être à l'origine de leur faillite. Ils ont oublié qu'entre la semence et la moisson, il y a une étape très importante qui consiste à cultiver et à travailler le terreau pour le rendre propice à la croissance de la graine.

❖ *La constance*

La constance est également une fine herbe à cultiver. Est constante la personne qui ne perd pas de vue ses objectifs et qui y travaille avec régularité. La dispersion est le contraire de la constance. Des objectifs confus et changeants rendent leur poursuite et leur atteinte difficiles. *Qui trop embrasse, mal étreint.* Ainsi, mener plusieurs objectifs de front, se laisser distraire par toutes sortes d'activités secondaires et n'ayant aucun rapport avec les objectifs à long terme, fait dévier du but fixé et met en danger l'atteinte de l'idéal. Personne ne peut être à la fois à la ville et au champ !

La pauvreté du sol étant un obstacle à la réussite du jardin, lorsque nous travaillons à enrichir notre personnalité, nous contribuons à enrichir le sol et à améliorer nos chances de succès.

Perfectionner les outils spécifiques

Nous avons longuement parlé des différents outils indispensables au jardinage. Il faut maintenant voir comment ces outils peuvent nous servir à réaliser nos objectifs. Prenez vos objectifs à long terme un par un. Demandez-vous en quoi chacun des outils proposés au chapitre III de ce volume peut être utile à la réalisation de vos plans.

Prenons un exemple. Une personne a choisi comme objectif à long terme de faire une carrière professionnelle dans le chant. Elle doit maintenant faire l'inventaire des outils spécifiques susceptibles de l'aider à mener à bien cette tâche.

Le métier de chanteur ou de chanteuse, de comédien ou de comédienne exige beaucoup sur le plan physique. Lors des tournées, l'artiste se déplace constamment. Il doit prévoir de longues heures de répétitions. Les spectacles donnent lieu à une dépense d'énergie considérable. Pour exercer ce métier, vigueur et réserves énergétiques sont indispensables. La santé physique est donc un outil essentiel.

De plus, il faut acquérir certaines connaissances et habiletés relatives au métier : cours de chant, pose de voix, exercices respiratoires, expression corporelle et cours de diction.

Dans le monde du spectacle, l'image projetée est de première importance. L'aisance sur scène s'obtient par l'apprentissage de certaines techniques qu'apportent des cours de maintien, de personnalité et de danse. Un choix judicieux de vêtements, un maquillage personnalisé, une coiffure appropriée à la forme du visage, autant de détails pouvant nous paraître accessoires et secondaires et pourtant, ils sont, dans le cadre de cet objectif, des atouts à ne pas négliger.

Sur le plan intellectuel, les artistes doivent développer des habiletés à gérer. Ils sont leur propre PME. À moins de léguer le côté administratif à un gérant, ils doivent être capables de se vendre, de faire leur promotion, leur publicité et savoir organiser leurs productions. Le milieu artistique est un milieu compétitif ; ceux ou celles qui s'inscrivent doivent être ambitieux et agressifs. Souvenez-vous de l'étude du terrain. Celui ou celle qui veut faire carrière comme artiste a avantage à être du type yang s'il veut réussir ou, s'il est du type yin, à s'associer à un yang auquel il déléguera l'aspect relationnel et financier du métier.

Nous avons donc défini l'objectif à long terme : devenir chanteur ou chanteuse. Les objectifs à moyen terme nous sont révélés par les outils nécessaires à l'obtention de notre objectif à long terme. Dans le cas cité comme exemple, il s'agit entre autres de cultiver sa santé, sa voix, son image, son équilibre émotionnel et de développer des habiletés de gestion. À cela, il faut joindre certaines qualités indispensables telles que le professionnalisme, la ponctualité, l'honnêteté et bien d'autres encore. Voilà du travail pour des années à répartir dans l'agenda quotidien.

À PAS DE BÉBÉ

Vous vous rappelez sans doute avoir vu le film *Comment ça va Bob ?* réalisé par Frank Oz. Le psychiatre d'une clinique écrit un livre à l'usage de ses malades. Bill Murray interprète le rôle de Bob, un claustrophobe qui adopte littéralement le psychiatre et sa famille ainsi que le leitmotiv du livre qui lui a été vendu lors de sa première rencontre avec le psychiatre. Il le répète sans cesse : « À pas de bébé, Bob sort de chez lui. À pas de bébé, Bob prend l'ascenseur. » Un film drôle, conçu sans doute pour nous faire rire. Une grande leçon le sous-tend tout de même : pas à pas, petit à petit, étape par étape, en se programmant des objectifs concrets, précis, réalisables à court terme, nous arriverons à atteindre les objectifs prévus, quels qu'ils soient.

Il n'y a donc pas lieu de paniquer. Si la poursuite de notre objectif à long terme nous effraie, ne perdons pas courage, ayons la foi, car les pieds que nous posons l'un devant l'autre nous mènent indubitablement là où nous voulons aller.

Agir sur la peur la fait disparaître. Sans perdre de vue l'objectif à long terme, inscrivons dans notre agenda quotidien nos objectifs à court terme et avançons avec confiance, à pas de bébé, vers leur réalisation.

Assurer l'équilibre des besoins

Tout jardin a besoin de sels minéraux, de soleil, d'air et d'eau. Pour faire le jardin de notre vie, nous avons besoin d'une personnalité riche, d'un idéal, d'un projet et de sentiments positifs à l'égard de ceux-ci.

L'ÉQUILIBRE PSYCHOLOGIQUE

Nous sommes tous d'accord pour dire que le soleil est indispensable à la croissance des plantes. Les légumes tels que les piments, les tomates et les aubergines demandent au moins six heures d'ensoleillement par jour. Bien que les légumes à feuilles en demandent moins, ils ne sauraient s'en passer. Si nous voulons réussir le jardin de notre vie, il convient, pour conserver un équilibre psychologique, d'avoir un idéal, une passion qui nous anime et nous vivifie. La passion est une flamme ; il est important de l'entretenir, de l'attiser, de veiller à ce qu'elle ne s'éteigne pas. Pour ce faire, il faut garder à l'esprit notre objectif de vie et les buts que nous nous sommes fixés.

La graine qui veut devenir fleur ou fruit ne se laisse pas impressionner par la grande noirceur. Enfouie sous la terre, elle se dirige inlassablement, courageusement vers la lumière du soleil. A-t-elle à contourner des obstacles ? Elle le fait car elle veut se réaliser. Bien sûr, elle pourrait gémir sur son sort, se plaindre, comme plusieurs de ses sœurs, d'avoir été enterrée vivante et se laisser pourrir et mourir. Vision animiste, me direz-vous, et pourquoi pas ? Si la graine est capable d'un tel exploit, pourquoi ne le pourrions-nous pas ? Sommes-nous moins favorisés par la nature ?

La passion est un feu. Le feu doit cependant être maîtrisé. Dans la maison, on construit un foyer pour que le feu reste dans l'âtre. Par mesure de prudence, les propriétaires posent des pare-flammes devant le foyer. À l'extérieur, on enlève les brindilles et on forme avec des pierres une enceinte réservée au feu. Lors des feux de forêt, les sapeurs-pompiers creusent des tranchées pour cerner le territoire à éteindre et éviter que l'élément destructeur ne se propage davantage.

Le feu doit être géré, sinon il envahit tout et détruit tout. Dans notre vie, un travail de gestion du feu s'impose ; il peut s'avérer dangereux de se laisser consumer par l'objet de sa passion. Imaginez un peu l'histoire suivante : Jean-Claude brûle du désir de devenir président de sa compagnie. Le feu de sa passion s'étend sur sa famille qu'il délaisse pour faire des heures supplémentaires au bureau. Il n'a maintenant plus de temps à consacrer à ses amis, pas plus qu'à la pratique de ses sports favoris. Il est complètement consumé par l'objet de son désir. Il ne pense plus qu'à cela ; il mange « sur le pouce », écourte ses heures de sommeil. Sa santé périclite, il est brûlé.

Le feu a besoin qu'on lui impose une frontière. Lorsque le feu est trop ardent, il faut arrêter de l'alimenter, sinon il prend des proportions incontrôlables. Nos pensées, nos projets alimentent le feu de nos passions.

L'ÉQUILIBRE MENTAL

Sans air, le feu s'éteint. L'air entretient la vie, le feu en nous. Ne dit-on pas, lorsqu'un homme meurt : « Il s'est éteint à l'âge de... » Il faut également savoir assurer l'équilibre de l'air qui n'est autre que l'équilibre mental. L'air doit circuler : j'inspire, j'expire ; j'inspire, j'expire. Si je n'inspire pas, je meurs par asphyxie ; si je n'expire pas, je suffoque. Je peux mourir d'une insuffisance ou d'un trop-plein. Équilibrer les entrées et les sorties d'air, voilà notre travail. Aérer la terre, c'est nous permettre, à travers tous nos projets et nos objectifs de vie, d'inspirer et d'expirer de façon équilibrée.

L'air, nous l'avons dit, est à la fois source de vie et source de mort. Nos idées, nos pensées peuvent entretenir nos projets, les mener à bon terme ou complètement les détruire. Les idées doivent sans cesse circuler, c'est ce qu'on appelle avoir l'esprit ouvert. Si je garde mes idées pour moi, je m'étouffe avec. Si je n'expire pas, je ne pourrai pas inspirer. Il faut, à certains moments de notre existence, se libérer de nos idées vieillottes, de nos préjugés et faire entrer l'air frais apporté par de nouvelles façons de penser ; il s'agit en quelque sorte d'ouvrir portes et fenêtres pour purifier l'air de la maison.

Le bon jardinier, lorsqu'il voit de gros nuages noirs venir coiffer l'horizon, sait que le vent s'apprête à faire des siennes. Il a prévu des moyens qui limiteront les dégâts. Il a installé des treillis, des haies, des clôtures, des murs de pierres pour ralentir la course du vent et mettre ses semences et ses plants à l'abri.

Mon amie Suzanne, qui est pour moi une source inépuisable d'informations, m'a raconté que la ville de Fermont, située au nord du Québec, à la frontière du Labrador, avait construit un mur pour protéger ses habitants du froid et des vents violents. À l'intérieur de ce mur se trouvent l'école primaire et secondaire, le CLSC, un hôtel, des restaurants, des magasins et une série de logements pour les professeurs et leurs familles. Les gens habitent le mur. Ils circulent à l'intérieur ou le long du mur. À l'entendre parler, j'avais l'impression qu'elle me décrivait un camp de concentration. Et pourtant, n'est-ce pas là une merveilleuse idée qu'ont eue les concepteurs du projet? Les résidants de cette ville minière auraient-ils accepté de vivre dans cet endroit froid et isolé, si on ne leur avait pas rendu les rigueurs du climat plus acceptables en érigeant un mur, les mettant à l'abri de l'impitoyable vent du Grand Nord québécois?

L'ÉQUILIBRE ÉMOTIONNEL

Notre jardin a besoin d'eau ; nous l'avons vu au chapitre IV. Un manque produit la sécheresse. Tout arbre, à l'exemple du figuier de l'Évangile, s'il est desséché, ne peut porter de fruits. Le manque d'eau chez les plantes occasionne plus de perte que toutes les autres causes réunies. Il faut que l'eau arrive à la portée des racines, sinon la plante meurt.

La plupart des plantes de jardin ont besoin de 2,5 cm de pluie par semaine. La verticulite, les pailles, l'humus sous forme de matière organique, la mousse de tourbe et le compost servent d'éponges qui gardent l'eau et assurent l'humidité autour des plants.

L'eau, comme nous l'avons vu, symbolise notre besoin d'aimer et d'être aimé. La tendresse, l'amitié et l'amour nourrissent notre terrain ; une carence en ce domaine l'appauvrit. Ne dit-on pas que certains sont assoiffés d'amour? Les réseaux d'amis, la famille et la communauté nous apportent l'amour dont nous avons besoin. Symboliquement, ces réseaux représentent le système d'irrigation qui, en période de sécheresse, nous assure l'arrosage salutaire.

Au contraire, «Un arrosage trop lourd plaque le sol et risque de coucher les légumes hauts ou de découvrir les légumes bas.» Voilà ce que nous dit Louis Giordano dans son livre *500 conseils et astuces aux jardiniers débutants et aux autres.* Un excès d'eau peut causer l'asphyxie au niveau des racines. De même, certaines personnes, parents, amis, amoureux ou amoureuses nous étouffent, en nous prodiguant à l'excès leurs marques de tendresse, d'affection ou d'amour.

Qui a le goût d'être inondé, noyé, submergé? J'entends souvent ces doléances: «Il m'aime, je l'aime aussi ; mais j'étouffe dans cette relation. Je ne peux plus respirer.» La prodigalité est un excès de générosité. Elle représente un arrosage abusif, trop abondant, qui corrompt les racines. Une générosité excessive gâte et fait pourrir un plant, un enfant ou tout être qui en est l'objet. Je dois avouer que j'ai cette tendance à arroser trop. Marcel me l'a dit dès le début de notre relation: «Tu me gâtes trop et ce n'est pas bon.»

Donner trop ou trop peu, c'est, dans les deux cas, pécher: pécher par excès ou pécher par défaut. La loi du juste milieu, voilà la sagesse. C'est cette loi de l'équilibre qu'enseignait Lao-Tseu à ses disciples lorsqu'il leur disait : «Le sage évite tout excès de quantité, de nombre et de mesure.» Savoir doser, mesurer les besoins d'amour et d'affection des personnes qui nous sont chères est un art bien difficile à maîtriser.

Cela me rappelle une remarque qu'un maître disait à une de ses disciples: «Donne-lui des fruits de ton arbre s'il le désire; mais garde l'arbre dans ton jardin. Joue-lui toutes les mélodies qu'il te plaira de lui jouer mais garde précieusement ton violon.» Il mettait en garde sa jeune élève contre la prodigalité; tout en encourageant sa générosité, il l'exhortait à ne pas se départir de ce qui était pour elle source de biens.

Les fermiers creusent des rigoles pour évacuer l'excédent d'eau. Celle-ci est alors canalisée ou pompée vers des réserves. Dans l'élaboration de notre jardin, une sécheresse ou une inondation risquent de nous faire perdre de vue notre objectif. L'hyperémotivité, qui se manifeste souvent sous forme de crises, obstrue notre vision. Comment voir la route, alors que l'eau ruisselle dans le pare-brise? Comment y voir clair, alors que les larmes brouillent la vue? Il vaut mieux s'arrêter et attendre que l'orage passe. N'ayant pas le contrôle de notre véhicule, il y a des risques d'accidents. Une surabondance d'émotivité peut nous ralentir et nous retarder sur la route de notre succès.

Assurer l'équilibre des besoins s'avère un travail de grande utilité. Un idéal irréaliste ou un manque d'idéal, des plans trop rigoureux ou une absence de plan, une sécheresse émotive ou une hyperémotivité peuvent, dans un cas comme dans l'autre, faire obstacle à la réussite de notre jardin. Au contraire, l'équilibre psychique, mental et émotionnel se manifeste au plan physique par une culture riche et généreuse et par une moisson abondante.

Le jardin n'est pas l'œuvre du hasard. C'est pourquoi, sans jamais perdre de vue les objectifs à long terme, nous devons inclure comme objectif à moyen terme la poursuite de qualités favorisant l'équilibre psychique, mental et émotionnel telles que: une attitude positive face à la vie, le sens de l'humour, la maîtrise de soi et le sens de la mesure.

Le miracle des graines

Jim Rohn, à la toute dernière page de son livre, *Stratégies de prospérité*, nous fait comprendre, à sa manière, l'importance de ne pas compter sur le hasard ni sur la Providence mais de se mettre au travail :

> « J'ai une histoire à vous raconter au sujet d'un homme qui, en deux ans, transforma un jardin de cailloux en un beau jardin rempli de fleurs merveilleuses. Un jour, un saint homme vint le visiter. Il avait entendu parler du jardin parce qu'on le connaissait à des kilomètres à la ronde. Mais il voulait aussi s'assurer que le jardinier n'avait pas oublié le Créateur. Alors il dit : « Jardinier, Dieu vous a vraiment béni en vous donnant ce merveilleux jardin. » Le jardinier comprit. « Vous avez raison, saint homme, répondit-il. Sans soleil, sans pluie, sans sol et sans le miracle des graines et des saisons, il n'y aurait pas de jardin. Mais vous auriez dû voir cet endroit il y a quelques années, lorsque Dieu était seul pour le cultiver. »

Si les dons et les talents viennent de Dieu, le travail de les exploiter nous est dévolu par le Créateur et personne ne peut cultiver à notre place. *Aide-toi et le ciel t'aidera.* Cette maxime, vous en conviendrez avec moi, était très bien intégrée par notre fermier.

De temps en temps

UN EMPLOYÉ EFFICACE

Travailler sur le terrain, perfectionner les outils, tailler et évincer les ronces qui étouffent, semer ici et là des fines herbes, assurer l'équilibre des besoins, toutes ces tâches requièrent du temps. Pour nous tous, vingt-quatre heures nous sont allouées chaque jour et il n'y a aucune possibilité d'en faire des réserves.

Engager le temps veut dire s'en faire un allié, un fidèle compagnon de travail, une aide efficace. Le temps doit travailler pour nous. Nous devrions l'utiliser efficacement pour que chaque minute, chaque seconde qui passe, nous rapproche davantage de notre objectif ultime. On ne peut être cultivateur du dimanche. On est cultivateur ou on ne l'est pas et, si oui, alors on l'est à plein temps.

Les expressions : « Perdre son temps, passer le temps, tuer le temps » ne peuvent faire partie du vocabulaire des personnes ayant un jardin à cultiver. Le seul vocabulaire utilisé en regard du temps par les gens qui réussissent le jardin de leur vie, est celui-ci : « planifier son temps, gérer son temps, maîtriser son temps, employer son temps de façon efficace ». Chaque jour, nous devons consacrer du temps à la poursuite de nos objectifs à long terme, à moyen terme et à court terme. Toutes nos activités doivent concourir de près ou de loin à atteindre nos buts.

Nous devons être les seuls planificateurs de notre assiette horaire et ne permettre à personne d'utiliser notre temps à ses fins. Dans son livre, *L'art du temps*, Jean-Louis Servant-Schreiber, nous dit : « Le plus souvent, à notre insu, par routine, mauvaise conscience ou simple manque de réflexion, nous

nous privons nous-mêmes d'une grande part de notre temps. »
En ce qui me concerne, toutes les fois où je me suis privée de
mon temps, je l'ai fait, non pas par mauvaise conscience, mais
plutôt par inconscience. Oui, à mon insu, j'ai gaspillé beaucoup
de temps, lequel aurait pu être employé à travailler à la culture
de mon jardin. Je vivais au jour le jour, me disant qu'*à chaque
jour suffit sa peine*. Confiante en la Providence qui nourrit les
petits oiseaux et habille les lis des champs, je ne me souciais
pas du lendemain.

Pour moi, la ligne du temps se limitait à l'instant présent.
Le passé était le passé et le futur n'existait pas, ou se limitait
aux six prochains mois, guère davantage. Le mot temps était
enrobé de romantisme et de poésie :

« Ô temps! suspends ton vol; Et vous, heures propices!
Suspendez votre cours :
Laissez-nous savourer les rapides délices,
Des plus beaux de nos jours. »

LAMARTINE

J'étais comme un observateur, je regardais passer le temps.
Cette méconnaissance de la nature du temps me faisait passer
à côté de la vie.

LE TEMPS ASSOCIÉ

Le temps est étroitement relié à la vie. Aujourd'hui, j'ai
cinquante ans ; combien d'années ai-je vraiment vécues ? Dix,
vingt tout au plus. Je n'avais jamais associé le temps à la vie.
Perdre mon temps signifiait perdre le temps présent, ni plus
ni moins. Aujourd'hui, je sais que cet espace-temps que je
gaspille équivaut à une parcelle de ma vie, vie qui est devenue
un bien précieux. Je veux en profiter au maximum ; je veux
vivre ma vie comme je l'*en temps*. Pour ce faire, il me faut

bien utiliser les moments dont je dispose. Gérer mon temps devient gérer ma vie ; maîtriser mon temps est synonyme de maîtriser ma vie. Cela donne au temps un sens. Le temps devient important parce qu'il est associé à mon désir de réalisation. Lorsque nous souhaitons exprimer, manifester, réaliser nos désirs, nos rêves et nos aspirations, le temps devient un associé indispensable.

UN TANDEM : TEMPS-ÉNERGIE.

En héritant de notre jardin, nous avons reçu en plus un capital temps-énergie que nous pouvons gérer comme bon nous semble. Pensons aux jouets que nous achetons sur le marché ; tous ou presque sont grands consommateurs de piles. Nos enfants utilisent souvent leurs jouets à piles sans être conscients du capital énergétique qu'elles contiennent. Nous savons par expérience que la durée des piles est proportionnelle à la qualité d'énergie emmagasinée. Si le jouet motorisé est en activité continue, la pile peu à peu se décharge et, au bout d'un certain temps, on dit que les batteries sont à plat.

Nous avons l'occasion rêvée pour apprendre à nos jeunes comment gérer et économiser l'énergie. Nous pouvons également leur faire voir la correspondance qui existe entre leur jouet et leur propre véhicule qu'est leur corps. Bien sûr, ils vous diront qu'il existe des rechargeurs de piles. Oui, mais l'enveloppe de la pile, tout comme l'enveloppe du corps, n'est pas éternelle ; elle s'use et devient un mauvais conducteur d'énergie.

Le travail correspond à la période de décharge ; le repos en est une de recharge. Dans notre vie, il faut qu'il y ait alternance entre le travail et le repos. Les avis divergent quant à savoir s'il est préférable de recharger les piles alors qu'elles sont complètement à plat ou aussitôt qu'elles démontrent une baisse d'énergie. Dans le domaine de la santé, les responsables optent indiscutablement pour la prévention. Chose certaine, une saine utilisation de notre capital temps-énergie est sûrement le moyen le plus efficace pour rendre à terme nos objectifs.

Le temps et le biorythme

À la fin du siècle dernier, trois savants d'origine germanique : un médecin, un psychologue et un autre professeur d'université découvrirent dans leur propre champ d'expérience que nous étions soumis à un rythme biologique, autant sur le plan physique, émotif qu'intellectuel.

L'étude de ces cycles s'appellent la biorythmie. Pour le cultivateur, cela s'apparente à la météorologie, soit l'étude et l'analyse de la pression atmosphérique et du temps qu'il fera dans les heures et les jours à venir. Il est possible de calculer facilement notre biorythme personnel. Fernand Lapointe dans son livre *Biorythmie ou comment prévoir vos bons et mauvais jours*, nous indique une démarche simple. Il nous offre des diagrammes et des modèles convexes pour tracer notre biorythme physique, émotif et intellectuel. Tout est expliqué clairement et simplement. Votre prochain voyage en Suisse ou au Japon vous offrira l'opportunité de faire l'achat de ces montres-bracelets qui vous donnent et l'heure et votre relevé biorythmique.

Ce qu'il faut savoir, c'est que chaque cycle a une durée différente soit : 23 jours pour le cycle physique, 28 jours pour le cycle émotif et 33 jours pour le cycle intellectuel. Sur un graphique, chaque cycle est scindé en deux parties égales délimitées par une ligne médiane, un peu comme un baromètre. Pour chaque sphère mentionnée, la première partie de chaque cycle nous indique que nous sommes au meilleur de notre forme, il fait beau temps ; la deuxième partie nous annonce une basse pression, nous devenons en position de faiblesse. En plus de ces deux phases, le biorythme indique deux journées critiques, susceptibles de perturber notre fonctionnement.

Ces cycles de basses et de hautes pressions influencent notre comportement et nos décisions. Tout comme le jardinier qui, à l'annonce d'une tempête, met ses plants à l'abri du vent, nous, qui voyons venir la courbe négative, devons prendre les mesures nécessaires pour minimiser les effets de cette mauvaise période. Les jours de grâce, tout comme le jardinier, nous pouvons profiter du beau temps pour améliorer notre situation.

Le cycle physique comporte vingt-trois jours. Onze jours et demi sont des jours favorables. Nous nous sentons au mieux de notre forme, pleins d'énergie, de vigueur et d'endurance au travail. Notre performance est à son meilleur. Les onze jours et demi qui suivent, nous constatons que nous avons moins de réserves physiques, moins d'énergie, moins d'endurance. Nous avons moins de résistance à la fatigue.

Il en va de même pour le cycle émotif de vingt-huit jours. Les quatorze premiers jours sont favorables à l'éclosion de sentiments positifs d'amour, d'amitié, de joie, de bonne humeur et de coopération ; les quatorze jours qui succèdent sont difficiles à assumer et pour soi et pour les membres de l'entourage.

La susceptibilité, les sautes d'humeur et l'irritabilité gagnent du terrain. Pour nous les femmes, cela ne s'apparente-t-il pas à la période prémenstruelle? Ne reconnaissez-vous pas ces symptômes avant-coureurs?

Le cycle intellectuel n'échappe pas à cette loi de la nature. Sur trente-trois jours, seize et demi sont favorables à l'étude et à l'apprentissage. La capacité de penser est à son maximum, la mémoire fonctionne au mieux. Les seize jours et demi qui suivent, le processus de la pensée opère au ralenti ; il est difficile d'assimiler de nouvelles connaissances.

Connaissant notre biorythme, nous sommes en mesure de maximiser nos périodes de fertilité et de minimiser les conséquences que peuvent engendrer des jours plus critiques.

Nous écoutons les nouvelles météorologiques tous les jours ; une chaîne de télévision affiche à chaque minute un relevé des différentes températures pour chaque région, ainsi que les prévisions pour les prochaines vingt-quatre heures ; chaque maison a son baromètre ; pourquoi n'aurions-nous pas, sous les yeux, un tableau mesurant notre potentiel énergétique sur le plan physique, émotif et intellectuel ?

Les Américains, les Japonais et les Suisses font appel à cette nouvelle approche scientifique pour rentabiliser le comportement humain. Les responsables de la NASA, les grandes compagnies de transport aérien ou ferroviaire, utilisent les biorythmes pour parer aux défaillances possibles de leurs pilotes. En Suisse, dans les hôpitaux, on tient compte des cycles biorythmiques avant les opérations, afin de réduire les complications postopératoires. Au Japon, des compagnies d'assurances, des ingénieurs en sécurité, des hommes d'affaires et plusieurs entreprises utilisent les graphiques biorythmiques. L'utilisation de cette science s'étend également dans le monde du sport et permet une meilleure évaluation de la condition physique et émotive de l'athlète au moment de la compétition.

En ce qui nous concerne, la connaissance de notre biorythme nous permet de gérer notre énergie, de voir et de prévoir les bons et les mauvais jours. Si le sujet vous intéresse et si vous désirez pousser plus loin vos investigations, je vous conseille un autre livre : *Biorythmes* de Georges Thomman.

Nous devons également prendre conscience de notre biorythme au quotidien. Cette connaissance favorise une meilleure utilisation de notre capacité tout en diminuant les pertes de temps et d'énergie. Pour ce faire, une observation rigoureuse s'impose. Il s'agit de pouvoir répondre avec franchise à des questions de ce genre :

Entourez la bonne réponse :

À quel moment de la journée votre forme physique est-elle a son meilleur ?

6 h à 9 h	9 h à 12 h	12 h à 15 h	15 h à 18 h
18 h à 21 h	21 h à 24 h	24 h à 3 h	3 h à 6 h

À quel moment de la journée votre forme physique est-elle à son plus bas niveau ?

À quelle période de la journée vos capacités intellectuelles sont-elles au meilleur de leur performance ?

À quelle période de la journée vos capacités intellectuelles fonctionnent-elles au ralenti ou sont-elles inopérantes ?

À quelle période de la journée votre système nerveux est-il plus résistant aux chocs émotifs ?

À quelle période de la journée votre système nerveux est-il plus vulnérable?

À quel moment de la journée vous sentez-vous plus créatifs?

Les réponses à ces questions vous serviront à établir une assiette horaire en fonction de votre capacité d'opérer à différentes périodes de la journée. Tenant compte de vos forces et de vos faiblesses, vous augmenterez ainsi l'efficience de votre action.

Le temps capital

Nous connaissons tous cette expression: *Le temps, c'est de l'argent,* mais bien peu comprennent le sens de cette affirmation. Si la vie vous intéresse, le temps vous intéresse aussi. Le temps est objet de convoitise, au même titre que les biens que nous procure l'argent. Temps et argent sont tous deux une monnaie d'échange pour obtenir un bien jugé encore plus précieux.

Nous pouvons gérer le temps de la même manière que nous gérons l'argent: le dépenser, l'économiser, le perdre, le gaspiller, l'investir et le rentabiliser. Autant de façons d'utiliser et notre argent et notre temps. Chacun peut capitaliser le temps et le monnayer. C'est pourquoi Benjamin Franklin disait: « Celui qui est prodigue de ses heures est, dans les faits, un gaspilleur d'argent. » Comment ai-je pu ignorer cette réalité aussi longtemps?

Je découvre à peine toute la portée de cette affirmation. Chez moi, on ne parlait jamais d'argent. Nous vivions très modestement mais la table était toujours bien garnie. Prendre plaisir dans le boire et le manger semblait être le bien suprême pour mes parents. La table de cuisine était le centre de toutes les activités. La conversation tournait autour des repas à préparer et de la liste d'épicerie à faire. Je n'ai jamais entendu mes parents parler de planification de budget, d'économies et encore moins de placements.

À l'âge de trente-trois ans, mes rapports avec le monde financier étaient réduits à leur plus simple expression. Je vivais comme un enfant : à l'abri des soucis financiers mais aussi privée du pouvoir et des biens que l'argent procure. À l'époque, c'était le dernier de mes soucis.

Au fond de moi, j'ai toujours été réticente à échanger mon temps contre de l'argent. Le temps présent étant le seul bien que j'aie jamais eu à ma disposition, je le considérais comme une valeur en soi, égale sinon supérieure aux valeurs monétaires.

LE TEMPS «GRÂCES»

Le temps de la solitude est celui que j'ai toujours préféré et que je préfère à tout autre. Jeune, je m'enfermais dans ma chambre pour réfléchir, lire, écrire des poèmes, rêver, me raconter des histoires, jouer de l'accordéon, de l'harmonica et dessiner. Que de bons moments j'ai passés seule, à monter et descendre la rue Principale après le souper, sous la pluie ou la neige ! Le souvenir de ces marches solitaires que venait rythmer un monologue intérieur m'enivre encore de plaisir.

Je n'aurais pas échangé le temps avec les enfants pour tout l'or du monde. Quels beaux souvenirs ! Je nous vois, Jean-François, Sébastien et moi, en train de découper, coller, colorier et faire de grandes murales représentant tantôt la ville tantôt la campagne. Nos journées se passaient à faire de la peinture, de la pâte à modeler, des casse-têtes... Après le souper, le bain se remplissait de contenants et d'animaux marins. Enfin, la lecture d'un conte clôturait une journée bien remplie. Ces réminiscences évoquent des jours heureux. Ces souvenirs ont du prix à mes yeux !

Avec le recul, considérant le coût élevé de la vie et des études, l'endettement scolaire inévitable dans les milieux financièrement défavorisés et le stress inhérent à l'insécurité financière, je me demande si mes enfants n'auraient pas bénéficié davantage d'une mère ayant, par son travail, assuré pour elle-même et les siens de fortes assises financières ; une mère qui aurait su monnayer judicieusement son temps ? J'admire ces femmes qui assument à la fois un travail extérieur et les rôles d'épouse, d'amante, de mère et d'éducatrice et qui réussissent à trouver leur vie épanouissante !

Les amis et ennemis du jardin

Les amis de notre jardin se retrouvent dans notre entourage parmi nos parents, nos frères, nos sœurs, nos enfants, notre conjoint ou conjointe, nos collègues de travail, nos voisins et voisines. Les membres de cette famille élargie sont les micro-organismes qui contribuent à donner au sol une structure stable, permettant aux jeunes pousses de prendre racine et d'arriver à maturité. Ils sont comme certains plants qui jouent le rôle de tuteurs, donnent de l'ombre, ou éloignent les parasites en dégageant un parfum suave. Nous retrouvons parmi ces plantes le basilic que l'on intercale entre les plants de tomates. Également la capucine qui protège les choux et les brocolis, ou encore le géranium qui, entourant le potager, agit comme un insecticide très efficace sur l'ensemble du jardin.

Ces personnes bienveillantes à notre égard que nous considérons à juste titre comme des amis, nous encouragent et nous motivent à réaliser nos objectifs de vie. Ils viennent parfois nous donner un coup de main, tout comme le pic-bois, le rouge-gorge, l'étourneau, le merle, le moineau et la mésange lesquels, se nourrissant d'insectes, de chenilles et de larves, rendent la pareille au cultivateur. Les coccinelles, les guêpes parasites, les araignées, les batraciens, les hérissons et bien d'autres animaux, en mangeant les pucerons et les limaces, aident le cultivateur à se débarrasser des ennemis du jardin ; ainsi en est-il des amis que l'on peut considérer comme des aides indispensables au succès de notre jardin personnel. Leur bonne humeur, leur enthousiasme et leurs conseils judicieux éloignent de nous le découragement, la tristesse, l'amertume, ainsi que tous les autres sentiments désagréables qui rongent et sucent notre énergie. D'une efficacité souvent discrète, respectueux de nos goûts et de nos besoins, nous leur devons une profonde reconnaissance.

LE LOMBRIC

Le ver de terre ou lombric est le meilleur ami du cultivateur. Laboureur infatigable, il creuse une galerie et avale littéralement la terre qui se trouve sur son chemin. Il aère ainsi le sol, favorisant une plus grande oxygénation et une meilleure pénétration de l'eau. En ingérant la terre, il absorbe des déchets biologiques et des rejets d'animaux contenus dans le sol. Lors de son passage dans le corps du ver, la terre s'enrichit d'azote, de phosphore, de magnésium et de potasse. Une fois la digestion terminée, le lombric rejette ce qu'il a composté, sous forme d'humus d'excellente qualité, très nutritif pour les plantes.

Le ver de terre symbolise l'attitude juste sur le chemin difficile de la vie. Notre vie est parsemée d'expériences lourdes, pénibles à avaler et souvent encore plus difficiles à digérer. Tout comme le lombric, nous avons à gérer des rejets et parfois des déchets biologiques, pour ne pas dire de la *merde*. Cultiver une attitude juste face aux difficultés de la vie, c'est devenir progressivement habiles à les composter et à en faire une nourriture d'excellente qualité, capable d'enrichir notre jardin.

LES PARASITES

Ils sont en grand nombre : mauvaises herbes et animaux de toutes sortes. Dans le livre *Guide québécois des mauvaises herbes*, j'ai compté vingt-huit mauvaises herbes incluant certaines bien connues, telles que le mouron des oiseaux, le lierre terrestre, le plantain, l'herbe à poux et le chiendent. J'ai également inventorié trente-sept parasites. Quelques-uns nous sont plus familiers, tels les pucerons, les perce-oreilles, les araignées rouges, les larves et les chenilles.

Comment pouvons-nous les identifier ? Nous pouvons les reconnaître aux signes suivants : ils sucent et sapent notre énergie ; ils nous accaparent et nous assaillent de leurs problèmes ; ils font des trous dans notre horaire ; ils disposent de notre temps à leur convenance ; leur seule présence met en danger notre équilibre physique, mental et émotionnel ; bref, ils nous mangent tout rond ou, pire encore, nous dévorent petit à petit. Certains parasites se retrouvent malheureusement au sein de notre famille et chez nos soi-disant amis. Ce sont d'ailleurs les plus difficiles à éliminer car ils sont d'une fidélité à toute épreuve !

Le travail, clé du succès.

Cultiver son jardin n'est pas une sinécure ; cela demande à la fois des connaissances et des habiletés. Pour se mettre au travail et persévérer malgré les embûches, cela exige une bonne dose de courage. Beaucoup étudient leur terrain ; de nombreux font l'inventaire de leurs outils et connaissent leurs besoins ; plusieurs font des plans et sèment leurs objectifs ; bien peu, lorsque vient le temps de cultiver, se mettent courageusement au travail. Pourtant, lorsqu'il s'agit de cultiver le terrain, le travail est la clé du succès. Dans le chapitre de l'introduction, je vous ai raconté le début de la fable *Le laboureur et ses enfants* écrite par Ésope et reprise par M. Jean de La Fontaine ; en voici maintenant le texte intégral :

> *Un riche laboureur, sentant sa mort prochaine,*
> *Fit venir ses enfants, leur parla sans témoins.*
> *Gardez-vous, leur dit-il, de vendre l'héritage*
> *Que nous ont laissé nos parents.*
> *Un trésor est caché dedans.*
> *Je ne sais pas l'endroit ; mais un peu de courage*
> *Vous le fera trouver, vous en viendrez à bout.*
> *Remuez votre champ dès qu'on aura fait l'Oût.*
> *Creusez, fouillez, bêchez ; ne laissez nulle place*
> *Où la main ne passe et repasse.*
> *Le père mort, les fils vous retournent le champ*
> *Deçà delà, partout ; si bien qu'au bout de l'an*
> *Il en rapporta davantage.*
> *D'argent point de caché. Mais le père fut sage*
> *De leur montrer avant sa mort*
> *Que le travail est un trésor.*

Celui qui, avec courage et enthousiasme, se met résolument au travail, récoltera au moment opportun ce qu'il aura semé. Mais comme le dit le proverbe : *Il est plus facile de savoir comment on fait une chose que de la faire.*

Cultiver son jardin

Quelques graines à conserver :

❖ Cultiver est un défi de taille à relever.

❖ Entre le travail et la moisson, il y a une étape très importante qui consiste à cultiver, entretenir et travailler à fournir à la graine le terrain propice à sa croissance.

❖ Le travail, s'il est bien compris, peut devenir une forme d'expansion de soi, un projet au sein duquel je peux m'épanouir, me transformer, grandir, croître, développer mon potentiel, m'accomplir et me réaliser au maximum.

❖ La peur de l'échec et la peur du succès peuvent, comme les ronces, étouffer le plus grand idéal.

❖ Les fines herbes de la culture sont : la patience, la persévérance, le goût de l'effort et la constance.

❖ L'équilibre psychologique, mental, émotif et physique nous maintient en santé. La maladie n'est rien d'autre que la manifestation d'un déséquilibre.

❖ Le temps doit travailler pour nous. Il est un employé efficace si chaque seconde, chaque minute, chaque heure, nous rapproche de notre objectif ultime. Au jardin de la vie, le temps est un fidèle associé.

❖ Notre capital temps-énergie doit se gérer comme toute autre valeur à la bourse.

❖ Le temps investi dans la relation parents-enfants a une valeur inestimable.

❖ On appelle amis du jardin tous ceux qui, d'une manière ou d'une autre, nous encouragent, nous motivent et nous aident à poursuivre nos objectifs.

❖ Le meilleur ami est l'attitude juste, symbolisée par le ver de terre. Une saine attitude nous rend capables de composter les expériences difficiles de la vie.

CHAPITRE VII

*Moissonner ce que l'on a semé*____

> « *Le fruit mûr tombe de lui-même mais il ne tombe pas dans la bouche.* »
>
> PROVERBE

La roue des questions

QU'EST-CE QUE MOISSONNER?

Moissonner, nous dit le dictionnaire, est synonyme de récolter. L'image qui me vient à l'esprit remonte à mon enfance: elle représente le moissonneur et sa faucille, alors qu'on me racontait pour la première fois la parabole de l'ivraie et du bon grain. Moissonner, c'est accepter d'utiliser la faux pour donner le coup de grâce à la récolte!

Sur le plan physique, cela peut vouloir dire accoucher. C'est couper le cordon après neuf mois de gestation et accueillir l'enfant, ce fruit de la chair et de l'esprit. Cela peut signifier également terminer un projet de rénovation, de décoration, de construction. Sur le plan intellectuel, c'est aussi accoucher d'une idée, d'un projet, d'un sujet de réflexion, d'études, de recherches. Sur le plan émotionnel, c'est donner le jour à l'expression des émotions qui nous habitent, c'est naître à des sentiments nouveaux, c'est recueillir les gerbes du souvenir pour les placer à la banque du cœur. Sur le plan spirituel, c'est récolter, à l'automne de la vie, les fruits de l'esprit: la joie, la patience, la tolérance, l'amour inconditionnel.

Moissonner, c'est mettre fin à un projet, à un monde, à un système, à une expérience, alors que ceux-ci arrivent à leur apogée, à leur terme, à leur plein épanouissement. Moissonner, c'est aussi voir venir le jour du jugement.

Qu'est-ce que la moisson ?

C'est la récompense, le salaire, la rémunération après le dur labeur. Le jour de la moisson est le *jour de paye*. C'est la rétribution pour le travail effectué. C'est le fruit que l'on va cueillir et qui va nous nourrir jusqu'à la prochaine récolte. Il ne peut y avoir de moisson sans qu'il y ait d'abord eu travail.

Quand moissonner ?

Quand le fruit arrive à maturité, on reconnaît le temps de la moisson. Le bébé qui arrive avant terme n'est souvent pas viable. Il y a également risque de décès s'il tarde à venir. Vouloir moissonner trop tôt alors que les plants ne sont pas parvenus à maturité, ce n'est pas bon. Attendre et dépasser le temps prévu pour la récolte n'est guère mieux. C'est pourquoi je dis que le temps de la moisson en est un de jugement et de discernement. Nous devons être capables de voir, de juger et de décider si le fruit est assez mûr pour être cueilli. Ce n'est pas simple, comme le rapporte ce conte initiatique soufi :

Les fruits

On rapporta aux plus sages d'entre les sages du pays des idiots que les arbres avaient donné des fruits. Ils partirent donc pour la cueillette.

Les arbres étaient assurément chargés de fruits : leurs branches traînaient jusqu'au sol.

Dès que les plus sages d'entre les sages furent arrivés sur place, ils se mirent à discuter, afin de déterminer quelle espèce récolter d'abord. Ne pouvant se mettre d'accord, ils essayèrent un autre sujet. Ils constatèrent alors qu'ils divergeaient sur le point de savoir s'il fallait détacher le fruit de sa branche avec la main gauche ou avec la main droite. Puis un autre problème, non moins difficile, fut soulevé, qui en fit surgir un autre encore : jusqu'au moment où il apparut que l'on devait prendre du recul et se réunir, pour démêler tout cela, en un lieu plus propice.

Enfin, après que toutes les institutions savantes eurent pleinement contribué au débat, tout fut réglé. Les plus sages d'entre les sages se retrouvèrent sous les arbres.

L'hiver était là. Les fruits étaient tombés et pourrissaient sur le sol.

« Il est fâcheux que l'on ne puisse se fier à ces arbres ! s'exclamèrent les très sages. Ces branches n'avaient pas le droit de se redresser comme ça. Mais peu importe ! De toute façon, nous pouvons le constater, les fruits étaient pourris. »

Il faut moissonner quand il est temps. Pour certaines récoltes, la moisson est précoce : radis, laitue, rhubarbe. Elles représentent les objectifs à court terme que nous avons semés. Souvenez-vous de vos objectifs à court terme : peindre une pièce, acheter un mobilier neuf, refaire la galerie, terminer la lecture d'un livre ou encore remettre un travail. La récolte peut se faire à moyen terme : terminer avec succès une année scolaire, s'exprimer dans une nouvelle langue. Certaines récoltes sont plus tardives : réussir une carrière, prendre sa retraite, voyager autour du monde, profiter de ses petits-enfants.

Pourquoi moissonner?

Pourquoi faucher une si belle récolte ? Le conte sur les fruits nous en fournit la réponse. Tous ceux qui négligent de récolter ce qu'ils ont semé ou cultivé, au moment opportun voient leur récolte se flétrir, sécher, geler ou pourrir sur place sans aucun profit, ni pour eux-mêmes, ni pour les membres de leur famille ou de leur communauté.

Ils ont semé et travaillé en pure perte car ils ne récoltent pas ce qu'ils ont semé. Le cultivateur qui ne ramasse pas son foin alors qu'il en est temps voit celui-ci pourrir dans le champ ; il en va de même du pomiculteur. Ils ressemblent alors aux plus sages du pays des idiots.

La moisson divisée

Le profit de la moisson doit être réparti entre tous ceux qui, de près ou de loin, ont travaillé à en assurer le succès. Si nous récoltons gloire, pouvoir, fortune ou honneur, nous aurons le devoir de reconnaître que d'autres y ont contribué pour une large part, nous ayant aidés à atteindre l'échelle de la réussite.

Dans le livre de Moïse, il est dit : « Tu ne devras pas museler le taureau quand il battra le grain. » Dans l'épître aux Corinthiens, Paul explique la signification de cette phrase en ces termes : « Celui qui laboure doit labourer dans l'espérance, et celui qui bat le grain doit le faire dans l'espérance d'en avoir une part. » Chaque ouvrier doit avoir une portion de la récolte, même la bête de somme, car elle est aussi *un ayant droit*.

Personne ne peut se glorifier d'être l'unique responsable de son succès. Notre reconnaissance doit être manifeste et s'exprimer par une juste répartition des gains.

LA PART DU PROPRIÉTAIRE

George S. Clason dans son livre *L'homme le plus riche de Babylone*, livre qui contient un grand nombre de conseils pratiques sur la façon de gérer ses biens, nous dit que 10 % de la récolte nous revient. Ce 10 % échangeable contre de l'or ou de l'argent est notre salaire en rétribution de notre travail. Cet avoir ne doit en aucun cas servir à d'autres fins que d'être le symbole de la terre promise après la traversée du désert. Cet argent est l'expression de l'accomplissement de la promesse : *Vous récolterez ce que vous aurez semé*.

Le principe de se payer d'abord me rappelle cet autre axiome : *Charité bien ordonnée commence par soi-même*. Conservant cette part qui nous est due en tant que propriétaire, nous ne pourrons plus gémir sur notre sort et dire : «À quoi cela sert-il de travailler s'il ne nous reste rien ?» Fidèles à ce précepte, nous nous enrichirons à chaque récolte, non seulement en biens matériels sous forme d'argent à la banque et d'intérêts qui s'accumuleront, mais nous bénéficierons également du salaire intangible de la satisfaction qu'apporte la sécurité. Petit à petit, grâce à ce 10 % sur chacune des récoltes, nous goûterons à la joie de l'abondance !

Ce 10 % doit être prélevé sur chacune de nos récoltes et conservé jalousement. Suivant la nature de ces grains, nous les placerons dans des banques différentes. Certains seront déposés à la banque du cœur. Celle qui donne naissance à un enfant est maintenant mère. Être mère est le 10 % qui lui revient du produit fini. Elle ne partage pas cette nouvelle acquisition de l'état de mère avec le père ou avec ses frères et sœurs. Cela est également vrai pour le nouveau papa. Être père est le 10 % qui lui revient de la conception. Ce salaire sous forme de titre lui appartient exclusivement. On pourra lui enlever son enfant, celui-ci partira un jour, mais il gardera à jamais son statut de père. Ce 10 % est en quelque sorte le droit d'auteur réservé au compositeur, à l'écrivain et à l'inventeur. Pères et mères, de toutes natures et sur tous les plans, se nourrissent de leur titre et de leur fierté d'être parents.

La part du terrain

Sans le terrain, il n'y aurait pas eu de récolte. Nous sommes redevables au terrain qui nous a fourni entre autres choses les minéraux, l'azote, le phosphate, le phosphore, les vers de terre et les micro-organismes. Nous sommes ses débiteurs.

Pour nous venir en aide, le sol s'est appauvri ; un autre 10 % de notre récolte doit donc servir à payer notre dette. Une quote-part de notre moisson doit retourner à la terre sous forme de compost. Dans les temps anciens, une fraction des produits cultivés restait debout et servait d'offrande aux dieux, en reconnaissance de leur clémence et de leur bonté. Aujourd'hui, le sol est retourné, enrichi d'engrais végétal ou organique, rendant à la terre ce qui lui a été emprunté.

Il faut donc restituer en partie l'abondance reçue. Recevoir et donner, donner et recevoir, ainsi s'exprime la loi de l'échange. Si cette loi naturelle est bafouée, tôt ou tard, survient la pauvreté.

Faire un jardin a éprouvé notre caractère et notre personnalité. Par l'action, celle-ci a révélé sa vraie nature. Cultiver nous a permis de jauger nos forces et nos faiblesses. Nous avons identifié, reconnu, assumé notre émotivité, notre instabilité, notre inconstance et notre paresse. Nous avons constaté que ces faiblesses de caractère nous ont ralentis dans la poursuite de nos objectifs. Nous avons également pris conscience que notre courage, notre patience, notre intuition, notre persévérance et notre volonté ont nourri nos projets.

Notre personnalité a hébergé un idéal, un rêve, tout comme la terre a servi de maison à la graine. Elle a porté les projets, nourri les objectifs et donné naissance à leur réalisation. Notre personnalité a besoin d'être renforcée, valorisée, vitalisée. Tout ce qui flatte l'ego enrichit notre personnalité : l'encouragement, la reconnaissance, l'appréciation. Elle se nourrit de contentement, de fierté et d'estime de soi.

Tout comme la terre, la personne qui a réalisé un ou plusieurs objectifs, qui a donné naissance à un projet, a besoin de refaire ses forces. Elle a droit au repos du guerrier, au sommeil du juste avant de semer à nouveau, avant de repartir à la conquête de nouveaux objectifs.

La part de l'investissement

La culture du jardin a souvent mis à rude épreuve les différents outils utilisés. Ceux-ci ont été de fidèles serviteurs travaillant sans relâche. Ils ont droit à des égards. Nous devons les réparer et les reconditionner. Quelques-uns sont épuisés. Pour plus d'efficience, il arrive que l'achat d'outils et de machineries spécialisées s'impose et se les approprier peut s'avérer fort coûteux. Un fragment du profit doit être mis de côté en prévision d'un renouvellement.

Après une rude performance physique, notre corps a besoin de retrouver sa vigueur, sa vitalité, sa force et sa capacité d'endurance. Il a besoin de détente, de repos, d'heures régulières de sommeil et d'une saine alimentation.

Notre intellect a également besoin d'un temps de récupération, tout comme la terre a besoin d'une période d'hibernation. Tous les deux ont besoin d'être enrichis et fertilisés.

En prévision des prochaines semences, investir dans la santé physique et mentale, investir dans la restauration de nos facultés intellectuelles, voilà qui est faire preuve de prudence et de sagesse.

La part des besoins à satisfaire

Ce qui reste de la moisson sera gardé en réserve pour assurer nos besoins et les besoins de notre famille jusqu'à la prochaine récolte. Autrefois, une partie de la récolte était mise en conserve, marinée, congelée ou enterrée dans le sable en prévision de l'hiver.

Dans la liste des besoins à satisfaire, nous retrouvons le prix du loyer, le paiement de la voiture, l'achat de vêtements, la facture d'électricité, de téléphone, l'épicerie, les visites chez le dentiste et j'en passe. Ces produits de consommation concourent à notre mieux-être et à notre mieux-vivre. Ils constituent des biens non négligeables. Par contre, ils sont appelés à être renouvelés périodiquement et, de ce fait, entrent dans le domaine des pertes. C'est pourquoi l'achat d'une maison est préférable à la location : les versements sur la maison constituent un bon investissement.

S'il est important de satisfaire nos besoins de nourriture, de logement, de vêtements, notre besoin de sécurité, d'appartenance, d'amour et de réalisation, il est sage d'éviter tout ce qui pourrait créer artificiellement un manque. Une bonne gestion est celle dont les dépenses suscitées par les besoins à satisfaire n'excèdent pas les sommes réservées à cet effet. Il va sans dire que, plus la récolte est abondante, plus la part réservée aux besoins à satisfaire est largement suffisante pour les combler tous.

LA PART DU PAUVRE

Pauvreté n'est pas synonyme de paresse, mais davantage synonyme d'ignorance. Je connais des personnes qui ont travaillé toute leur vie, souvent jusqu'à des heures indues, sans avoir vraiment goûté aux fruits de leur travail. L'une d'entre elles me disait en riant que le fruit du travail de trois générations n'avait pas encore réussi à leur payer une maison. Comment cela pouvait-il être possible ? Je m'entretenais avec une personne qui travaillait jusqu'aux petites heures du matin et dont le produit fini était de loin supérieur à toute concurrence, un artisan, un commerçant qui avait l'estime et la considération de sa clientèle.

Le pauvre est pauvre parce qu'il ne sait pas gérer efficacement ses biens et non parce qu'il manque de courage ou parce qu'il est paresseux. Comment quelqu'un ayant travaillé toute sa vie peut-il se retrouver, à la fin de sa vie, sans un sou?

C'est Jean-François qui m'a ouvert les yeux sur cette triste réalité, alors qu'il se demandait comment ses parents pouvaient être arrivés à quarante ans sans avoir accumulé le moindre bien matériel. Je n'avais jamais réfléchi à cette question auparavant, et c'est pourquoi j'étais financièrement pauvre. Je lui ai fait comme réponse : « Malheureusement pour toi, Jean-François, tes parents manquaient tous les deux d'ambition et ne convoitaient pas particulièrement les valeurs matérielles. » Par voie de conséquence, alors que Jean-François et Sébastien auraient eu besoin de notre soutien financier pour poursuivre leurs études et faire leur entrée dans le monde des adultes, nous n'étions, ni l'un ni l'autre, d'aucun secours.

Tout ce que nous apprenons à l'école ne sert à rien si nous ne savons pas comment gérer notre capital énergétique, comment régir notre potentiel intellectuel, comment gérer, diriger et gouverner nos émotions, comment convertir nos pensées en plan d'action, comment économiser, comment investir et comment utiliser notre capital, quelle qu'en soit la forme.

Il n'y a pas meilleure façon de partager avec le pauvre que de lui apprendre à maîtriser l'art de faire un jardin. Ainsi, il apprendra non seulement à semer et à cultiver mais également à gérer efficacement le fruit de sa moisson et à en jouir de façon responsable.

Moissonneurs glorifiés

Les moissonneurs glorifiés sont ceux qui ne meurent pas parce qu'ils font partie de notre histoire. Leur nombre est incalculable ; plusieurs d'entre eux ont leur nom inscrit dans le dictionnaire des noms propres. Il m'a suffi de prendre mon dictionnaire le *Petit Larousse en couleurs* et d'ouvrir une page au hasard. À la lettre S, j'ai vu défiler des pages et des pages contenant des moissonneurs dans divers domaines et de toutes les époques, si bien que je ne savais plus quels noms retenir. Au moment où j'essayais de voir clair dans cet imbroglio, je me suis rappelée que le nouveau règlement de la municipalité exigeait, avant septembre, une carte loisirs avec photo et qu'il était grandement temps que j'aille m'inscrire, sinon je n'aurais accès ni à la piscine, ni à la bibliothèque. Je choisis donc de mettre en application le règlement municipal et de ne retenir que les noms illustrés. Voici donc dix glorieux et célèbres moissonneurs dont les noms commencent par la lettre S :

SADATE (Anouar el), homme d'État égyptien, né en 1918, Prix Nobel de la paix 1978.

SAINTE-BEUVE (Charles Augustin), écrivain français (1804-1869), il publia des poésies puis se consacra à la critique et à l'histoire littéraires.

SAINT-EXUPÉRY (Antoine de), aviateur et écrivain français (1900-1944), auteur de *Terre des hommes*, *Pilote de guerre* et du *Petit Prince*.

SAINT-SAËNS (Camille), compositeur, pianiste et organiste français (1835-1931), auteur de *Samson et Dalila* et de *La danse macabre*.

SAMUELSON (Paul Anthony), économiste américain, né en 1915, auteur de travaux qui mettent en œuvre mathématiques et science économique, Prix Nobel 1970.

SAND (George), femme de lettres française (1804-1876), ses romans sont successivement d'inspiration sentimentale, sociale et rustique.

SANTOS-DUMONT (Alberto), ingénieur et aéronaute brésilien (1873-1932), pionnier de la navigation aérienne, il remporta un record mondial en 1906.

SCARLATTI (Alessandro), compositeur italien (1660-1725), maître de chapelle à la cour, auteur d'opéras remarquables.

SCHRÖDINGER (Erwin), physicien autrichien (1887-1961), Prix Nobel pour ses travaux de mécanique ondulatoire en 1933.

SCHÖNBERG (Arnold), compositeur autrichien (1874-1951), il influença profondément la musique du XXᵉ siècle.

Je pourrais continuer la liste, vous retrouveriez d'autres noms aussi connus que Franz Schubert, Georges Seurat, Georges Simenon, William Shakespeare, George Bernard Shaw, Socrate, Spinoza, mais je vous laisse le plaisir de le faire vous-mêmes, en utilisant la lettre de votre choix.

Moissonneurs connus

Tous ceux qui font la manchette de l'actualité dans les journaux, les revues et les émissions télévisées sont du nombre. Nous les reconnaissons : ils œuvrent en politique, dans le monde de la haute finance, dans le domaine des sciences et de la technologie, dans celui des arts et des lettres. La Presse du samedi nous rappelle quelques noms chaque semaine. Point n'est besoin de vous les citer, vous avez sûrement en tête votre propre liste de personnes qui, d'après vous, ont moissonné à cent pour un ce qu'ils avaient semé.

Moissonneurs familiers

Mon ami Marcel

Marcel était de sa génération ; il rêvait comme ses compagnons de travail de rencontrer une compagne gentille, honnête, courageuse, pour fonder une famille au sein de laquelle il ferait bon vivre. Contrairement au promeneur, dans la chanson de la grenouille, il ne désirait ni la richesse, ni la gloire. Il désirait être bien et partager ce bien-être.

❖ *Un compagnon fidèle*

Il rencontra Thérèse et elle fut sa compagne durant trente-cinq ans. Ensemble, ils ont travaillé à solidifier leur couple. Tout en s'occupant de leur petite famille, ils se réservaient des moments d'intimité. Ils se permettaient maintes sorties. Ils assistaient à des joutes de hockey, allaient voir des spectacles de variétés, participaient à différents voyages organisés. Ils étaient reçus par des amis et recevaient également. Ils avaient une vie sociale active ; ensemble, ils faisaient partie de diverses organisations communautaires.

La vie n'a pas toujours été facile ; comme le dit si bien la chanson : «*On ne peut pas vivre toujours à l'abri du vent*. » Oui, il y eut, comme dans tous les couples, des hauts et des bas mais, dans l'ensemble, la vie à deux a été des plus satisfaisante. Pour vivre trente-cinq ans de vie commune et être bien ensemble, il leur a fallu cultiver l'acceptation inconditionnelle de l'autre, le respect des différences, une grande générosité et une capacité à pardonner. Une amitié sincère et une bonne dose de tendresse et d'amour réciproque, voilà ce qu'ils ont récolté et de quoi ils se sont nourris.

Lorsque Marcel apprit la mort de Thérèse, il sut qu'on venait de lui amputer un membre important et qu'une partie de sa moisson venait d'être fauchée.

Des années ont passé depuis et, lorsque Marcel fait le bilan de sa vie de couple, il se dit satisfait. Oui, il a réussi son mariage. Et, dans les greniers de son cœur, il conserve tous les bons souvenirs imprégnés d'amour et de tendresse pour celle qui fut à la fois la mère de ses enfants et la compagne de sa vie.

❖ *Un papa lapin*

Tout comme Jeannot Lapin, souvenez-vous de l'histoire que je vous ai racontée au chapitre V, Marcel désirait être un papa lapin. Il le fut et eut cinq enfants, dont deux filles et trois garçons. Il fut et est encore un chic papa. Il les a poursuivis quand ils ont voulu être poursuivis ; il a joué à cache-cache dans les placards ; il a fait le cheval des heures durant. Plus tard, il s'est rendu à l'aréna les voir jouer au hockey, puis au baseball. Il s'est impliqué dans toutes sortes d'activités et d'organisations les concernant : louvetisme, scoutisme, cadet de terre, cadet de mer.

En plus de son travail régulier à la *Nordic*, il prenait du temps sur ses fins de semaine et sur ses deux semaines de vacances pour laver les fenêtres de l'usine et faire l'entretien du terrain. Lorsque la situation financière du ménage devenait trop précaire, il n'hésitait pas à tondre les gazons ou à pelleter la cour des voisins. Souvent, un ou deux enfants le suivaient dans ses déplacements.

Oui, tout comme Jeannot Lapin, il fut un chic papa, un papa gâteau, un papa poule ; tous ses enfants peuvent vous le confirmer. Il récolte aujourd'hui toute leur reconnaissance et leur amour filial. Il est fier de cette réussite qu'il dit *facile*.

À 64 ans, il est grand-père de sept petits-enfants. L'aîné a vingt ans et la cadette en a deux. Il les a tous gardés, changés de couches, bercés. Avec certains, il a fait du camping dans le salon ; avec d'autres, il a compté combien de dodos il restait d'ici leur fête ou jusqu'au retour de papa et maman. Leur rendre visite chaque semaine est une habitude qu'il tient à conserver. Il aime ses petits-enfants et il est fier d'eux. Sa vie de père et de grand-père est une vie pleine de satisfactions.

❖ Un bon vivant

À la retraite depuis cinq ans, il ne s'ennuie pas. En plus de visiter ses enfants et de leur rendre de menus services, il va à la pêche, à la chasse. Il s'occupe de l'entretien de la maison et du chalet : il refait la clôture et les galeries, rafraîchit la peinture, répare les auvents, coupe quelques branches, nettoie le terrain, plante des pommiers, les arrose et fait mille et une choses. L'été, il fait de la bicyclette, de la marche en forêt ; l'hiver, il patine sur le lac ou à l'aréna. Il va à la piscine. Sur semaine, il va régulièrement à l'église prier pour nous !

C'est un bon vivant. Il aime manger et cuisiner : tartes, tourtières, marinades, sauce à spaghetti, sauce blanche, sauce brune, fèves au lard, soupe aux pois, soupe au riz et poulet, jambon à l'ananas, etc. C'est tellement bon ! Il aime aussi boire. Pour étancher sa soif : de l'eau, du lait, du coke ; avant les repas, il préfère une bonne bière ; en mangeant, rien ne vaut quelques bonnes coupes de vin que l'on a soi-même embouteillé.

Mon ami Marcel a une vie très remplie. Il se dit heureux et satisfait. Bien sûr, il bougonne de temps en temps. Les gens qui le connaissent bien, sa famille, ses amis, vous diront qu'il fait son quinze minutes de *chialage* par jour, mais que cet homme est un homme gentil, aimable, avenant et réellement bon. Il a moissonné la considération et le respect de ses enfants, de ses amis et de ses employeurs. Il a moissonné la paix et la sérénité du devoir accompli avec amour. Riche de ses expériences de vie, il traverse maintenant la vie avec, au cœur, un brin de sagesse.

Ma tante Adrienne

Elle est avant tout, ma tante *sœur*. Eh oui! doublement sœur car tout en étant la sœur de ma mère, elle fait partie d'une communauté religieuse qu'on appelle Les Sœurs Grises de la Charité de Saint-Hyacinthe.

❖ *Religieuse par vocation*

Dès l'âge de dix ans, elle entretenait le vif désir de devenir un jour religieuse chez les Sœurs de la Présentation de Marie qu'elle affectionnait tout particulièrement, celles-ci étant la communauté enseignante de la ville. Puis les années passèrent. Comme Marie, « elle gardait avec soin toutes ces choses dans son cœur ». L'hospitalisation de son frère Adrien lui donna l'occasion de faire connaissance avec une autre congrégation : les Sœurs de l'Immaculée Conception. Son attrait pour les missions l'incita à faire, sans tarder, une demande au sein de cette communauté. Elle avait la certitude d'être appelée à la vocation religieuse. À dire vrai, peu lui importait la communauté.

Pour faire le point, elle décida d'aller à Saint-Hyacinthe faire une retraite de trois jours. C'est ainsi qu'elle fut présentée à la supérieure de la communauté des Sœurs Grises qui accepta de la prendre au juvénat comme postulante.

Son idéal : suivre Jésus et le message qu'il proposait dans les Évangiles ; être la servante du Seigneur, tout comme Marie l'avait été.

Pour ma tante, l'étude du terrain a été une étude communautaire : connaissances historiques de la communauté, biographie de sa fondatrice Mère Marguerite d'Youville, étude de la charte et des règles en vigueur, étude de la communauté par rapport aux différentes œuvres et missions, réflexion sur la nature de la vocation religieuse, découverte de la personne de Jésus et du message évangélique, également connaissance de la liturgie et des sacrements.

❖ Une femme de foi

Ma tante avait tous les outils nécessaires à la vie religieuse : l'amour de Dieu, l'idéal religieux et le goût du service gratuit.

Tout au long de ses années de vie religieuse, elle a cultivé le jardin de sa foi. Elle y a travaillé avec enthousiasme. Suivant les conseils de Luc dans les Actes des Apôtres, ma tante Adrienne s'est adonnée assidûment à la prière ; elle a médité les Évangiles, fait de nombreuses lectures spirituelles, assisté à de nombreuses conférences et participé à un grand nombre de retraites.

Elle a sacrifié les joies de ce monde pour atteindre son objectif de vie. Elle a fait vœux d'obéissance, de pauvreté et de chasteté. Elle l'a fait avec joie. Elle n'a jamais mis en doute son choix initial.

❖ Notre mère...

Ma tante Adrienne n'était pas dans le monde, mais les rapports privilégiés qu'elle entretenait avec ma mère la gardaient en contact avec les problèmes de la vie quotidienne.

Elle fut la mère de ma mère. Elle veillait sur elle et sur nous comme une poule sur ses poussins. Elle a été, dans notre enfance, non seulement notre tante sœur mais notre «mère poule». En plus des œuvres de la communauté, elle s'était donné comme mission d'être notre bon ange. C'est ainsi que nous nous sommes échoués tous les quatre à l'orphelinat chez les Sœurs Grises alors que nos parents étaient dans une impasse. Durant huit ans, elle nous surveilla de près, voyant à ce que nous ne manquions de rien : vêtements, vitamines, bons soins. Elle vérifiait nos réussites scolaires, nous encourageait à l'étude, nous exhortait à être sages. Elle était fière de ses neveux et nièces.

Elle est de celle qui sait cultiver l'amour des siens. Au temps où ma mère était encore de ce monde, elles entretenaient une correspondance assidue. À Noël et à Pâques, par le courrier, nous recevions et nous recevons encore ses bons vœux. Quels que soient nos incartades, nos écarts de conduite, nos bévues, elle nous est toujours restée fidèle. Sa famille est maintenant élargie. Mon frère Jean-Paul a déjà quatre petits-enfants. Elle s'intéresse à tout ce qui arrive aux grands comme aux petits. Elle prie pour nous tous et nous porte dans son cœur de mère. Elle nous aime à la manière de Dieu, d'un amour inconditionnel.

Elle a maintenant 84 ans. Nous la visitons régulièrement. Je vois en elle une femme encore enthousiaste et passionnée par le message évangélique. À chacune de nos rencontres, elle nous cite un passage particulièrement intéressant, qu'elle a relevé pour nous ! Chère tante, *mine de rien*, elle profite de ces quelques minutes pour nous évangéliser ! Les lectures quotidiennes, la prière, la méditation, l'assistance aux offices religieux nourrissent encore son âme.

Que récolte-t-elle aujourd'hui ? Le contentement qu'apporte le devoir accompli, la satisfaction d'avoir été fidèle à sa vocation, la certitude d'avoir choisi le bon chemin. Elle a cultivé la foi, l'amour, l'espérance et, au soir de sa vie, elle récolte la foi, l'espérance et la certitude de l'amour de Dieu. Fidèle et obéissante, elle s'est ramassée des trésors pour le ciel : « Là où ni la mite, ni la rouille ne rongent et où les voleurs ne percent ni ne dérobent. »

MA SŒUR LAURETTE

❖ *Une mordue de lecture*

D'aussi loin que je me souvienne, j'ai toujours vu ma sœur un livre à la main. Ma mère avait beau dire : « Tu vas t'abîmer les yeux à force de lire », rien n'y faisait. Laurette lisait en mangeant, en marchant, en regardant la télévision. Au grand désespoir de mon père qui aurait bien voulu qu'on lui tienne compagnie, elle avait constamment le nez dans un livre. Ceux-ci s'empilaient d'ailleurs un peu partout : sur le comptoir de la cuisine, sur différentes chaises, sous le meuble qui supportait la télévision. Il y en avait sur la grande table de la salle à manger, il y en avait partout. Au fur et à mesure que ma sœur devenait financièrement plus à l'aise, les boîtes de livres arrivaient avec une régularité déconcertante pour ma mère qui essayait de leur trouver un petit coin. Alors que ma sœur était en voyage, mon père avait pris l'initiative de faire des tablettes tout autour de sa salle de travail, pensant pouvoir les ranger tous. Mais il avait beau faire, il y avait toujours plus de livres que d'espace de rangement ! Elle aimait les livres autant qu'elle aimait lire.

C'était ainsi depuis son primaire. Au couvent, elle était la première à terminer ses travaux, pressée de continuer la lecture de son roman. De toute façon, à l'école, elle était toujours première. On lui fit sauter une année ou deux. Bientôt elle devait aller piger dans d'autres bibliothèques pour nourrir son imagination et satisfaire sa passion.

Grâce à elle, j'ai développé le goût de lire. J'étais déjà au secondaire, ce n'était pas trop tôt. Elle orientait mes choix de lecture en me mettant l'eau à la bouche : elle m'en racontait des petits bouts puis me disait : « Lis-le, c'est tellement mieux de lire soi-même, il y a des détails que je ne peux t'expliquer, c'est fascinant!» Un peu paresseuse de nature, toutes ces longues descriptions du début m'ennuyaient. Lasse des préambules et perdue dans la présentation interminable des personnages, je laissais tomber, complètement écrasée par la tâche. Laurette m'encourageait à poursuivre encore un peu : «au moins les vingt premières pages», disait-elle. Comme un avion, avançant sur la piste, augmente sa vitesse avant de prendre son envol, peu à peu, mon rythme s'est amélioré : j'augmentai mes heures de lecture ; puis un jour, soulevée par l'extase, je me suis mise à voler de mes propres ailes dans le ciel de la littérature.

❖ Un prof par vocation

Elle a été pour moi un bon professeur, tout comme elle le fut pour ses élèves tout au long de sa carrière.

À neuf ans, elle rêvait d'être «maîtresse d'école». Elle confectionnait des petits cahiers et donnait des dictées à ses amies durant les récréations. Je n'aurais pas voulu être son amie! Bien sûr, elle rêvait également d'être musicienne, infirmière, danseuse de ballet ; mais comme elle dit : «Ce n'était pas sérieux. »

Elle fit ses débuts dans une quatrième année de garçons. Plusieurs d'entre eux étaient costauds et beaucoup plus grands qu'elle. Quelques-uns avaient presque son âge. Il n'était pas rare d'y voir des jeunes de douze ou treize ans, elle en avait dix-huit. J'avais six ans de moins, jour pour jour. Eh oui, ce n'était pas un cadeau à lui faire ! J'étais en septième année et je fréquentais l'école voisine. Chaque soir, après l'école, j'allais la chercher dans sa classe et nous revenions ensemble à pied à la maison. Sur un des tableaux, elle avait dessiné une carte géographique puis avait suspendu à des fils trois petits bateaux :

la Nina, la Pinta et la Santa-Maria, lesquels pouvaient avancer ou reculer alors qu'elle racontait les voyages de Christophe Colomb. Modifié, le tout servait pour le voyage de Jacques Cartier, les petits voiliers étaient rebaptisés et se nommaient dès lors : la Petite-Hermine, la Grande-Hermine et L'Émerillon. Au programme, il y avait aussi les aventures de Louis Joliette et du Père Marquette.

Un œil averti, une oreille attentive aurait pu deviner quel merveilleux professeur d'histoire elle s'apprêtait à devenir, alors qu'elle me racontait la venue de Champlain et de Jean Talon. Malheureusement pour elle, je n'aimais pas, mais pas du tout, l'histoire du Canada. Toutes ces vieilles barbes du passé me laissaient complètement indifférente.

Elle prenait sa tâche à cœur. C'était pour elle une vocation. Elle gagnait à peine mille cinq cent dollars annuellement, ce qui était très peu, même à l'époque, et son salaire servait aux frais d'entretien de la famille. Après la classe, elle gardait régulièrement quelques enfants : les uns pour leur donner des explications supplémentaires ou pour les aider à terminer certains travaux, les autres pour les guider dans les leçons ou les devoirs. Quarante ans après, certains noms lui reviennent en mémoire : William Stanet, Denis Dubuc, Rhéaume Fortin. Elle était bien, je crois, entre les quatre murs d'une classe.

Je me suis vite lassée de l'attendre car elle n'arrivait jamais à se ramasser et à quitter.

Le besoin pressant de professeurs au secondaire l'amena, trois ans plus tard, à relever un nouveau défi. Elle devint titulaire d'une neuvième année puis changea de niveau selon les besoins. Elle enseignait alors toutes les matières au programme, jusqu'à ce que vienne la spécialisation.

❖ Une passionnée de voyages

Depuis toujours, elle rêvait de voyages. Le soir, dans notre lit, elle me racontait le récit qu'elle était en train de lire ou le film qu'elle était allée voir. Cela se passait presque chaque fois à la cour des rois, soit en France, en Autriche ou en Angleterre. Elle me déclinait la lignée des rois : les François, les Henri, les Louis, les Richard, les Charles, etc. Elle me disait : « Un jour, Marie, j'irai visiter tous ces châteaux, j'irai voir tous ces pays. »

Ce jour-là est venu et bien d'autres encore qui lui ont permis de voir la France, l'Angleterre, la Hollande, la Suisse, l'Allemagne, la Grèce, la Chine, le Japon, Israël, l'Égypte, le Maroc, la Turquie, le Brésil, le Venezuela et beaucoup d'autres pays. Mais avant d'aller voir ailleurs, elle est allée voir son pays. Pour son premier voyage, elle choisit les provinces maritimes ; les provinces de l'Ouest vinrent ensuite ; puis ce fut l'aventure vers des terres qu'elle avait, dans l'imaginaire, maintes fois visitées.

❖ Une comédienne née

Laurette se souvient, elle avait à l'époque sept ou huit ans, que ma mère montait des pièces de théâtre et les jouait avec nous dans le garage. Chacune des pièces était à caractère religieux : la naissance de Jésus, la visite des mages, l'apparition à Fatima et bien d'autres. Costumes, décors, maquillage, rien ne manquait pour que la mise en scène soit réussie.

Plus tard, à l'orphelinat, on lui donnait souvent les premiers rôles. Je me rappelle qu'elle interprétait l'Étoile des Bergers dans une pièce de Félix Leclerc. C'était un texte long et difficile à mémoriser ; elle devait le jouer, juchée sur un escabeau. Ce fut, il va sans dire, un succès. C'était elle qu'on choisissait pour lire les *adresses* lors des grandes fêtes organisées en l'honneur de l'aumônier ou de la supérieure.

Lorsqu'on lui assigna la charge de professeur d'histoire, on ne put faire un meilleur placement. Elle se révéla à la fois metteur en scène, acteur, bruiteur et accessoiriste. Pour faire aimer son cours, elle s'improvisait scalpeur de tête, tomahawk à la main ; avec un élève comme victime, elle expliquait la technique du scalp. Un autre jour, la classe devenait une cour où étaient jugées les filles du Roy. Chaque cours devenait un spectacle.

Suite à ces improvisations, un nouveau défi s'imposa : créer une pièce, relatant un événement de l'histoire du Canada, qui serait composée, interprétée et montée par les élèves eux-mêmes, puis jouée devant toute l'école. Le Club des Historiens venait de voir le jour. Les pièces furent jouées chaque année avec succès. De nouveaux élèves prirent la relève.

❖ *Une fille déterminée*

Laurette a toujours été fidèle à son rêve. Très jeune, elle s'est fixée des objectifs et, pour les atteindre, cela n'a pas été sans mal.

Pour devenir professeur, elle a dû passer outre le désir de mon père de la voir entrer le plus tôt possible sur le marché du travail. Aidée de ma tante sœur et de dames bienfaitrices qui défrayaient ses études, elle put terminer à Saint-Hyacinthe les deux années d'École Normale qui lui donnaient droit à un Brevet supérieur. Ce brevet lui permettait d'enseigner de la première à la onzième année.

Pour elle, ce n'était pas suffisant : elle visait l'obtention d'une maîtrise. Tout en enseignant, elle s'engagea à poursuivre son but. Les soirs, les fins de semaine et les vacances estivales furent consacrés à cette fin. Les étapes, échelonnées sur des années et des années de travail acharné, furent longues et difficiles : brevet A, licence, thèse, maîtrise. La rédaction de sa thèse qui devait mettre un terme à ses études, était sans cesse perturbée par toutes sortes d'événements : accident, opération de mon père, opération de ma mère, sans compter toutes les interruptions bienveillantes de la part des parents : « Veux-tu un café ? Veux-tu que j'ouvre la fenêtre ? Qu'aimerais-tu manger pour souper ?... » Déterminée à remporter la victoire coûte que coûte, elle franchit enfin la ligne d'arrivée et obtint une maîtrise en histoire.

❖ Une opposition farouche

Mon père ridiculisait son désir de voyager ; il disait : « Veux-tu bien me dire ce que tu peux bien vouloir aller faire si loin ? Une roche ici ou une roche ailleurs, quelle différence cela peut-il bien faire ? » Il s'opposait de façon agressive à son projet d'utiliser ses vacances pour voyager. À un de ces voyages, il eut une crise la veille de son départ. La crise fut si forte qu'on dut l'hospitaliser et l'opérer d'urgence au C.H.U. Laurette a annulé son départ et est restée au chevet de mon père durant les deux mois qu'a duré sa convalescence. Elle logeait au pavillon étudiant et veillait sur mon père jusqu'à ce que l'un d'entre nous puisse prendre la relève. Les année qui suivirent, mon père lui faisait du chantage pour qu'elle ne parte pas. Le cœur gros, bourrée de remords, elle partait, bien décidée à ne pas se laisser voler ses rêves. Non, cela n'a pas été toujours de tout repos !

❖ Un réseau de soutien

Laurette est très consciente que, tout en mettant quelquefois obstacle à la réalisation de ses projets, mon père et ma mère lui rendaient souvent la tâche plus facile. Ma mère préparait les repas et voyait à ce que la maison soit bien entretenue. Elle prenait les appels, recevait ses amies. Mon père, toujours disponible, la voyageait matin, midi et soir, de la maison à l'école et de l'école à la maison, car ma sœur ne conduisait pas. Pour trouver des meubles convenant à la pièce que jouait le Club des Historiens, il la transportait chez l'antiquaire. Souvent, ils y retournaient plusieurs fois dans la même semaine. Mon père la conduisait aux nombreuses pratiques et retournait la chercher, quelle que soit l'heure. Elle sait que, sans l'appui de ma tante Adrienne et des dames bénévoles, elle n'aurait jamais fait carrière dans l'enseignement. Ma tante a toujours été là au bon moment. Tout au long de sa carrière, elle a été un soutien moral, l'invitant à garder courage, à persévérer et à aller de l'avant.

Elle est également reconnaissante à son Club des neuf : Michèle, Marie-Claire, Pauline, Madeleine, Paulette, Denise, Lise, Lorraine, et Paule de l'avoir toujours soutenue en toutes occasions. Elles ont été, chacune à sa façon, une aide précieuse, prêtant, à tour de rôle, une oreille attentive et l'encourageant à poursuivre ses objectifs malgré les obstacles.

❖ Une carrière réussie

Laurette a réussi une brillante carrière. Elle n'a pas eu le prix qu'elle convoitait : Prix du mérite scolaire, donné par le ministère, mais elle a décroché, en 1988, le Prix Brunet Séguin, prix décerné chaque année à un professeur d'histoire du Québec, et en 1989 la bourse Hillroy, même honneur, mais à la grandeur du Canada. En octobre 1990, on la citait dans le journal régional *La Voix de l'Est*, comme étant la personnalité du mois. Michel Saint-Jean, journaliste, lui rendait hommage et reconnaissait son talent de professeure d'histoire. Son article s'intitulait : *Il était une fois Laurette Cadorette...* et rendait très bien la passion qu'elle a toujours eue pour l'enseignement.

❖ *Une retraite planifiée*

Aujourd'hui à sa retraite, elle est présidente de la Fondation Hermas, secrétaire de l'A.R.E.Q. (ass. des retraités de l'enseignement), trésorière du Joins-toi (corporation, visant la réinsertion sociale des ex-détenus). Elle fait partie de l'Atelier théâtre, une troupe très performante, composée de personnes de l'âge d'or et donne des cours d'histoire à l'université du troisième âge.

Laurette a encore plein de graines à semer : faire l'inventaire de sa bibliothèque et le mettre sur ordinateur, informatiser et publier les pièces du Club des Historiens, rénover quelques pièces de la maison, améliorer ses plates-bandes, etc.

Tous ces moissonneurs, peu importe qu'ils soient glorifiés, reconnus ou familiers et quel que soit le domaine dans lequel ils sèment, cultivent et moissonnent, peuvent être pour nous des guides. Passés maîtres dans l'art de faire un jardin, ils ont les connaissances requises et l'expérience indispensable pour nous éclairer, nous instruire, nous éduquer, nous indiquer la marche à suivre et les moyens à prendre pour réussir notre propre jardin.

Moissonner ce que l'on a semé

Quelques graines à conserver :

❖ Moissonner, c'est recueillir, récolter le fruit de notre travail.

❖ Si nous semons sur le plan physique, nous jouirons de biens matériels. Si nous cultivons sur le plan mental ; nous emmagasinerons des connaissances et des habiletés intellectuelles. Si nous épandons sur le plan affectif, nous serons gratifiés d'amour, d'amitié et de bonnes relations. Si nous ensemençons sur le plan spirituel, nous moissonnerons les fruits de l'esprit.

❖ Certaines récoltes sont plus ou moins précoces : elles représentent nos objectifs à court et à moyen terme. D'autres sont plus tardives : elles sont à l'image de nos objectifs à long terme.

❖ Personne ne peut se glorifier d'être l'unique responsable de son succès.

❖ Les fruits de la moisson doivent être divisés équitablement car « Tout ouvrier mérite son salaire. »

❖ Les profits, sous forme de biens tangibles ou intangibles, seront répartis comme suit : la part du propriétaire, la part du terrain, la part des besoins à satisfaire et la part du pauvre.

❖ Toute personne qui ne sait pas régir ses biens, si courageuse, si ingénieuse soit-elle, restera toujours pauvre.

❖ La pauvreté a sa source dans l'ignorance.

❖ La meilleure façon de partager avec le pauvre est de lui apprendre non seulement à faire un jardin mais également à gérer le fruit de sa moisson.

❖ Autour de nous, certaines personnes peuvent nous servir de modèles. Apprendre d'eux l'art de faire un jardin est sage.

Conclusion

« *Si vous devez parcourir dix lis, songez que le neuvième marquera la moitié du chemin.* »

PROVERBE

Toutes ces personnes, moissonneurs glorifiés, reconnus ou familiers, passées maîtres dans l'art de faire un jardin, peuvent-elles nous livrer leur secret ? Que savent-elles que nous ignorons ? Que font-elles que nous omettons ou négligeons de faire ? Qu'ont-elles que nous n'avons pas ? Voilà ce qu'il nous faut savoir si nous voulons, nous aussi, faire le jardin de notre vie.

Ce qu'elles ont en commun

ELLES SONT CONSCIENTES D'AVOIR HÉRITÉ

Elles sont toutes, les unes comme les autres, conscientes d'avoir reçu en héritage un jardin. Elles sont convaincues que ce jardin renferme un trésor inestimable qui les affranchira de la pauvreté. Elles savent qu'elles peuvent disposer de leur héritage comme bon leur semble : le vendre, l'échanger, le laisser en friche ou encore le cultiver. Elles reconnaissent qu'elles sont les seules à pouvoir décider de l'orientation que prendra leur jardin. Elles choisissent librement de le rendre fertile.

Elles ont fait le tour du propriétaire plus d'une fois

Elles ont fait le tour de leur terrain et connaissent sa valeur. Elles savent ce qu'il vaut. Elles ne se leurrent pas sur la nature de leur sol. Elles peuvent en identifier et les forces et les faiblesses. Elles peuvent évaluer son rendement potentiel. Elles sont disposées à l'amender, autant que faire se peut, pour rendre leur terre accueillante pour la semence et multiplier au centuple leurs chances de succès.

Elles ont une haute estime de ce qui est leur lot

Elles se voient et s'acceptent telles qu'elles sont, sachant que, de toute façon, elles ne peuvent être autres. Elles connaissent et leurs qualités et leurs défauts. Bien que se sachant perfectibles, elles ont une bonne opinion d'elles-mêmes. Elles ne se surestiment pas plus qu'elles ne se sous-estiment. Elles se voient comme des personnes intelligentes, intuitives, créatives, énergiques, dynamiques. Tout considéré, malgré quelques imperfections inhérentes à la nature humaine, elles se disent comblées par celle-ci. Contrairement au pommier et à la grenouille, elles ne se morfondent pas en comparaisons désagréables ; elles n'envient ni ne jalousent leur prochain.

Elles sont fières d'être libres et veulent le demeurer

Elles ne vagabondent pas, ne mènent pas une vie d'errance ; elles se savent propriétaires et vivent sur leurs terres. Elles travaillent à rendre fertile leur propre terrain. Elles n'abandonnent jamais leur champ ; elles ne se laissent, sous aucun prétexte, séduire par celui du voisin. Elles sont fières et refusent obstinément d'être asservies. Elles ne sont pas des censitaires, pas des censitaires, à la merci d'un seigneur ; leur statut de propriétaire terrien les affranchit de toute servitude.

ELLES SAVENT CE QU'ELLES VEULENT SEMER

Comme notre petit roi Harold, les personnes qui sèment avec succès savent non seulement ce qu'elles ne veulent pas mais également ce qu'elles veulent. Elles savent ce qui est bon pour elles, ce qui est bien pour elles, ce qui concourt à leur bien-être et à leur mieux-vivre. Elles ont des graines de désirs en abondance. Elles ont un idéal, un rêve qu'elles veulent atteindre ou réaliser. Elles ont en main tout ce qu'il faut pour semer leur champ. Comme notre promeneur, elles expriment clairement leurs vœux.

ELLES FONT DES «PLANTS» ET LES ENTRETIENNENT

Les personnes qui sèment avec succès transforment leurs graines de désirs en objectifs clairs, précis et réalistes. Elles les mettent en terre. Elles sont persuadées qu'à court, moyen ou long terme, elles réaliseront leurs vœux, pourront satisfaire leurs désirs et combleront leurs aspirations. Elles font des «plans». Elles planifient à long terme des objectifs de vie, à moyen terme des étapes à franchir pour les atteindre et, à court terme, elles avancent pas à pas vers leur réalisation.

ELLES CULTIVENT, ELLES TRAVAILLENT AVEC ARDEUR.

Elles ne comptent ni sur la chance, ni sur le hasard. Elles ne s'illusionnent pas. Elles savent, comme notre cultivateur l'expliquait au saint homme, que le jardin laissé entre les mains de Dieu ou abandonné à lui-même est envahi aussitôt de roches et de mauvaises herbes. C'est pourquoi, elles disent non à l'inertie, à la procrastination, à la tergiversation ; elles n'utilisent aucune manœuvre dilatoire. Elles acceptent de payer le prix du succès. Elles passent rapidement à l'action et travaillent courageusement. Elles sont déterminées, tenaces, persévérantes et confiantes.

Elles ont le pouvoir de renaître de leurs cendres

Elles ne craignent ni le succès, ni l'échec. Ce dernier vient-il frapper à leur porte ? Elles ont, comme le phœnix, le pouvoir de renaître de leurs cendres. Elles ne renoncent pas devant les obstacles, elles trouvent des solutions aux problèmes, surmontent ou contournent les difficultés. Elles réussissent à vaincre les résistances. Elles volent haut ; elles voient grand. Elles pensent en termes de vœux à réaliser, d'objectifs à poursuivre ou encore de missions à remplir. Elles parlent de bien-être, de mieux-vivre, de réalisation personnelle, de succès, de réussite, de victoire, de prospérité. Elles parlent également de partage, de communion, d'entraide, de collaboration, de diversité et d'unité. Elles expriment et manifestent l'abondance sous toutes ses formes.

Elles sont des maîtres discrets

Bien qu'étant passées maîtres dans l'art de faire un jardin, les personnes qui moissonnent avec succès s'immiscent rarement dans le jardin des autres. Elles n'ont que trop peu de temps à consacrer à leur propre jardin ! Si on leur en fait la demande, elles ne se montrent pas avares de conseils, consentent à faire quelques démonstrations et à donner de généreux coups de mains, mais elles laissent à l'autre le choix des moyens et le soin de cultiver, à sa guise, son lopin de terre, l'encourageant plutôt à ne dépendre de personne.

ELLES ONT DES DONS DE GESTIONNAIRES

Elles savent gérer leur temps, leur énergie et, il va sans dire, le fruit de leur moisson. Reconnaissantes de l'aide qu'elles ont reçue, elles acceptent de partager. Elles donnent à chacun des ouvriers sa part de profit. Elles se nourrissent de leur récolte, répondent à leurs besoins et aux besoins de leur famille. Elles investissent et font des réserves. La culture du jardin leur a donné une plus grande autonomie ainsi qu'une sécurité financière accrue.

ELLES SONT HABITÉES PAR LA JOIE ET LA SATISFACTION DU TRAVAIL ACCOMPLI

Elles sont satisfaites et de leur travail et de leur récolte. La moisson intangible sous forme de fierté, de satisfaction personnelle et de contentement sera parmi leurs biens les plus précieux. Elles la porteront à la banque du cœur. Elle servira à les motiver lorsque viendra le temps de faire à nouveau un autre jardin.

Et si nous reprenions nos questions du début à savoir : Que savent-elles que nous ignorons ? Que font-elles que nous omettons ou négligeons de faire ? Qu'ont-elles que nous n'avons pas ? Elles ont cela en commun :

Toutes ces personnes...

...sont conscientes d'avoir hérité d'un jardin ;

...ont fait le tour du propriétaire plusieurs fois ;

...ont une haute estime de ce qui est leur lot ;

...sont fières d'être libres et veulent le demeurer ;

...savent ce qu'elles veulent semer ;

...font des « plants » et les entretiennent ;

...cultivent et travaillent avec ardeur;

...ont le pouvoir de renaître de leurs cendres;

...sont des maîtres discrets;

...ont des dons de gestionnaires;

...sont habitées par la joie et la satisfaction du travail accompli.

J'aimerais, avant que nous nous quittions, rassembler pour vous les quelques graines que j'avais intentionnellement disséminées çà et là. Elles ont été laissées par des grands maîtres à notre intention. Peut-être vous seront-elles précieuses lorsqu'il sera temps pour vous de semer à nouveau. À vous tous, je souhaite une abondante récolte!

Conclusion

Quelques graines à conserver :

❖ « Beaucoup de petites défaites peuvent amener une grande victoire. »
TCHOUANG-TSEU

❖ « Le grand défaut des hommes est d'abandonner leurs propres
champs pour aller ôter l'ivraie de ceux des autres. » MONG-TSEU

❖ « Connaître autrui n'est que science ; se connaître, c'est intelligence. »
LAO-TSEU

❖ « Qui reconnaît son ignorance n'est pas vraiment ignorant ; qui
reconnaît son égarement n'est pas vraiment égaré. » TCHOUANG-TSEU

❖ « S'il n'aiguise d'abord ses outils, l'artisan ne réussira jamais son
œuvre. » CONFUCIUS

❖ « Qui vit sobrement est aisément satisfait. » TCHOUANG-TSEU

❖ « L'archer a un point commun avec l'homme de bien : quand sa
flèche n'atteint pas le centre de la cible, il en cherche la cause en
lui-même. » CONFUCIUS

❖ « Il est plus facile de savoir comment on fait une chose que de la
faire. » PROVERBE

❖ « Le fruit mûr tombe de lui-même mais il ne tombe pas dans la
bouche. » PROVERBE

❖ « Si vous devez parcourir dix lis, songez que le neuvième marquera
la moitié du chemin. » PROVERBE

❖ « Qui veut gravir une montagne commence par le bas. » CONFUCIUS

Bibliographie

> « Qui veut gravir une montagne commence par le bas. »
>
> CONFUCIUS

AÏVANHOV (Omraam Michaël). *Les lois de la morale cosmique*, Éditions Prosveta, Fréjus (France), 1989, 313 p.

AUBERT (Claude). *Le Jardin Potager Biologique*, Édition Le Courrier du livre, Paris, 1985, 254p.

AUGER (Lucien). *S'aider soi-même*, Éditions de l'homme, Montréal, 1974, 168p.

AUGER (Lucien). *Se guérir de la sottise*, Éditions de l'homme, Montréal, 1982, 111p.

BOUCHART-D'ORVAL (Jean). *Vers une nouvelle forme d'intelligence*, Éditrice Louise Courteau, Montréal, 1989, 184p.

BOURDEL (Léone). *Les tempéraments psychologiques*, Éditions Maloine, Paris.

BROWN (Molly Young). *Le déploiement de l'être*, Centre d'intégration de la personne, Québec, 1985, 219p.

COHEN (Betsy). *Le syndrome de Blanche-Neige ou les différents visages de l'envie*, Éditions Transmonde, Montréal, 1987, 432p.

CLASON (George S). *L'homme le plus riche de Babylone*, Éditions Un monde différent , Montréal, 1979, 149p.

DEGAUDENZI (Jean-Louis). *Le secret de votre groupe sanguin*, Éditions Filipachi.

DESJARDINS (Arnauld). *La voie du cœur*, Éditions La Table ronde, Paris, 1987, 310p.

DISHY (Victor). *Comment rester au top de vos performances intellectuelles*, Éditions Businessman/First, Paris, 1990, 229p.

DOUATTE (Gérard). *La typologie des caractères*, Éditions Amarande, Fribourg (Suisse),1993, 159p.

DUCOURANT (Bernard). *Toute la sagesse des sentences et proverbes chinois*, Éditions de la Maisnie, Paris, 1990, 231p.

DUCOURANT (Bernard). *Les clefs du bonheur*, Éditions L'Âge du Verseau, Paris, 1990, 186p.

FUGITT (Éva D). *C'est lui qui a commencé le premier*, Centre d'Intégration de la personne, Québec, 1984, 135p.

GALYEAN (Beverly-Colleene). *Visualisation, apprentissage et conscience*, Centre d'Intégration de la personne, Québec, 1986, 315p.

GIORDANO (Louis). *500 Conseils et Astuces aux jardiniers débutants*, Éditions J. Lyon, Paris, 1989, 195p.

LANGLOIS (Gérard). *Vivre en zigzag*, Éditions Un monde différent, Saint-Hubert, 1975, 185p.

LAPOINTE (Fernand). *Biorythmie, comment prévoir vos bons et mauvais jours*, Éditions Internationales Alain Stanké, Montréal, 1976, 161p.

LE SENNE (René). *Traité de caractérologie*, Éditions Presses Universitaires, Paris.

LÉONARD (Jim). *Le rêve de ma vie*, Éditions Le Souffle d'Or, Barret-le-Bas (France), 1992, 229p.

MANDINO (Og). *L'Université du Succès*, tome III, Éditions Un monde différent, Saint-Hubert, 1987, 247p.

MARC-AURÈLE. *Pensées pour moi-même, Manuel d'Épictète*, Éditions Garnier-Flammarion, Paris, 1964, 248p.

PECK (Scott M. Dr). *Le chemin le moins fréquenté*, Éditions Robert Laffont, Paris, 1987, 367p.

POULIOT (Paul). *Les techniques du jardinage*, Éditions de l'homme, Montréal, 1972, 467p.

REEVES (Hubert). *Poussières d'étoiles*, Éditions du Seuil, 1984, Paris, 195p.

ROHN (Jim). *Stratégies de prospérité*, Éditions Un monde différent, Saint-Hubert, 1987, 204p.

SAINT-LAURENT (Raymond, de). *L'habitude*, Éditions Édouard Aubanel, Avignon, 1950, 127p.

SERVAN-SCHREIBER (Jean-Louis). *L'art du temps*, Éditions Marabout Service, Alleur (Belgique), 1983, 217p.

SÉNÈQUE. *La vie heureuse ou la brièveté de la vie*, Éditions Arléa, Paris, 1989, 192p.

SCHWARTZ (J. David). *La magie de voir grand*, Éditions Un monde différent, Saint-Hubert, 1983.

SHAH (Idries). *Sages d'orient*, Éditions du Rocher, Monaco, 1988, 170p.

SHAH (Idries). *Contes initiatiques des Soufis*, Éditions du Rocher, Monaco, 1993, 280p.

THOMMEN (George). *Biorythmes*, Éditions de L'Étincelle, 1992, Outremont, 168p.

WAITLE (Denis). *Attitude d'un gagnant*, Éditions Un monde différent, Saint-Hubert, 1982, 198p.

VINAY (Marie-Paule). *Tempéraments et personnalités*, Éditions du Bien Public, Trois-Rivières, 1953, 272p.

WAYNE (W. DYER, Dr). *Vos zones erronées*, Éditions Sélect, Montréal, 1979, 258p.

WAYNE (W. DYER, Dr). *Tirez vous-même les ficelles*, Éditions Sélect, Montréal, 1980, 382p.

WITHMORE (Diana). *Psychosynthèse et éducation*, Centre d'Intégration de la personne, Québec, 1986, 297p.

Notes

imprimerie gagné ltēe